老子の新解釈

志賀一朗
Shiga Ichiro
［著］

大修館書店

序

本書は、『老子』解釈の革命書である。古来汗牛充棟ある『老子』解釈本の中で、世界の老荘学者の、一人として本書の解釈を試みた先学はいない。本家の中国の学者でさえ、誰一人として試みた学者はいない。本書はまさにコペルニクス的転回の解釈の書である。したがって読者諸兄は、この『老子の新解釈』を読んで、驚嘆はおろか納得されるであろう。

『老子』の新解釈の根底は、『老子』の文体が私の言う「三段的論法」の構成をしていることである。この「三段的論法」とは何か、その発想の原点は何によって発見されたか。「三段的論法」に因る解釈の仕方で従来の解釈を根本から覆した章の発見はもとより、『老子』の押韻の施し方等について、私は本書で論述した。

読者諸兄のご理解とご考究、ご教示を希うものである。

東京　素軒　志賀一朗 識す

本書の特色

一　本書は拙著『老子真解』（汲古書院）を底本として、書き下し文、「三段的論法」の解説、平易な口語の「全訳」に特に力を注ぎ、『王注老子道徳経』（灊水《しんすい》、宇先生考訂）の明和本（一七七〇）の解釈と、一般の諸書の解釈の違いを明確にした。

二　文の構成は古来未発見の「三段的論法」を主題・解説・結論に分類して解明した。

三　押韻の施し方に関して、一定の方向を案出した。

四　各章の見出しの頭に、○（＝分かる）、△（＝大体分かる）、▲（＝難しい）の符号を付け、文章の難易度を示し、読者の便を図った。

五　平和・幸福を述べた章の見出しの末尾に、◎印を付けた。

本書の読み方

本書を繙《ひもと》いたなら、先ず「三十三章　亡《ほろ》びざる者は寿《いのちなが》し」を読んで頂きたい。この章は老子の「真の生き方」を語った章で、筆者をして『老子』をライフワークとして専心研究するようにさせた章である。この章によって『老子』全八十一章を解読したのである。

したがって、この章を読んでから、「一章　宇宙の創世」を読み、後は順次読んでいってもよいし、見出しに示した「道の本体」「非戦論」などの項目別に読まれてもよい。内容を理解する上からは、項目別に読むことをお勧めする。

参考文献

1　老子真解（志賀一朗）
2　老子の研究（武内義雄）
3　老子の講義（諸橋轍次）
4　老子（福永光司）
5　老子（金谷治）
6　老子校正（島邦男）
7　老子訳注（坂出祥伸）
8　老子考詁（蔣錫昌）
9　老子今註今訳（王雲五主編）
10　老子義疏註（呉静宇）
11　老子河上公斠理（鄭成海）
12　老子伝（秦新成・劉升元）
13　馬王堆老子（鈴木喜一）
14　老子と道教（李申）
15　老子（余培林）
16　老子詳解（張松如）
17　老子四家注研究（胡興栄）
18　老子王弼注索引（北原峰樹）

目　次

『老子』解釈の新発見

一　三段的論法

まず、私が名づけた『老子』の「三段的論法」について述べよう。

「三段的論法」とは、三段論法ではないが、三段論法の先駆となるもので、三段論法発想の原形である原始的三段論法を言う。

三段論法はアリストテレス（前三八四〜三二二）の創案である。アリストテレスは十七歳の時、アテナイに遊学し、プラトン（前四二七〜三四七）のアカデメイア学園に入り、紀元前三四七年、プラトンが八十歳で没するまで、二十年間プラトンと学園生活を共にした。したがってプラトンから受けた影響は極めて大きい。しかし一方プラトン批評も辛辣であった。

三段論法は一種の推論で、大前提・小前提・結論の三つの判断から構成されている。「すべての人は死ぬ」（大前提）、「彼は人である」（小前提）、「故に彼は死ぬ」（結論）の形式をとる。

この原始的発想が、主題・解説・結論の形態であろうと私は想定し、『老子』の数章の解釈を試みた。すると、『老子』の文章で今までにっちもさっちもいかなかった内容が、一目瞭然に氷解した。これは驚きの驚きであった。そこでこの形式を、三段論法ではないが、三段論法の原姿的構想ではなかったろうかと、「三段的論法」と名づけたのである（第一の発見）。

次に二、三の例を挙げよう。

例1　十一章　道の功用(2)（口語訳等は本文参照）

三十輻《ぷく》一轂《こく》を共にす。その無に当たりて車の用あり。【以上、第一段】

埴《つち》を埏《こ》ねて以て器《うつわ》を為《つく》る。その無に当たりて器《うつわ》の用あり。（第二段第一節）

戸牖《こゆう》を鑿《うが》ちて以て室《へや》を為《つく》る。その無に当たりて室《へや》の用あり。（第二段第二節）【以上、第二段】

故に有の以て利を為《な》すは、無の以て用を為《な》せばなり。【以上、第三段】

第一段〔主題〕無の作用を車で説明。

第二段〔解説〕第一節　無の働きを器で説明。

第二節　無の働きを室で説明。

第三段〔結論〕無の功用。

主題で、無の作用を車で規定し、解説で、器と室と二つの例を挙げ、無の作用を説明し、結論で、無の功用を述べた。

例2　四十六章　知足(2)（口語訳等は本文参照）

天下に道有れば、走馬を却《しりぞ》けて以て糞《たづくり》す。天下に道無ければ、戎馬《じゅうば》郊《こう》に生ず。【第一段】
禍《わざわい》は足《た》ることを知らざるより大なるは莫《な》く、咎《とが》めは得ることを欲するより大なるは莫《な》し。

【第二段】

故に足ることを知るの足るは、常に足る。【第三段】

第一段〈主題〉無為自然の道が行われる場合と、行われない場合。
第二段〈解説〉禍・咎の生ずる原因。
第三段〈結論〉「知足」の「足」が恒久不変の「足」。

主題で、無為自然の道の功用を「走馬」と「戎馬」で規定し、解説で、禍・咎を説明し、結論で、真の「足る」で結んだ。

例3　七十章　褐《かっ》を被《き》て玉《たま》を懐《いだ》く（口語訳等は本文参照）

吾が言《げん》は甚《はなは》だ知り易く、甚だ行い易きに、天下は能《よ》く知ること莫《な》く、能《よ》く行うこと莫《な》し。

【以上、第一段】

言《げん》に宗《そう》有り、事《こと》に君《きみ》有り。（第二段第一節）それ唯《た》だ知ること無し。是《ここ》を以て我を知らず。
我を知る者希《まれ》なれば、則《すなわ》ち我は貴《たっと》し。（第二段第二節）【以上、第二段】
是《ここ》を以て聖人は、褐《かっ》を被《き》て玉《たま》を懐《いだ》く。【以上、第三段】

第一段〔主題〕　吾が言と世人。

第二段〔解説〕　第一節　無為自然の道には宗主がある。

　　　　　　　　第二節　知ることが希だから貴い。

第三段〔結論〕　知らない理由。

主題で、わが言は知行し易いことを規定し、解説で、世人はこれを知らない、知ることが希《まれ》だから貴いと説明し、結論で、その理由を「褐《かっ》を被《き》て玉《たま》を懐《いだ》く」で結んでいる。まことに筋の通った論法である。

右の三例によって、「三段的論法」の構成が理解されたと思う。

二　三段的論法の着想の原点

それでは、「三段的論法の着想の原点」は何に因って発見されたか。

『老子』全八十一章の経文を読んで、まず第六感が閃いたのは、「故」の字が数多く出てきたことである。数えてみると、五十九個の「故」の字があった。これは老子が意識的に用いたに違いないと、用例全部の「故」字の利用法を見ると、「是《こ》の故」（四十四章）、「何の故」（五十章）、「その故」（七十三章）、の三例だけが二字の副詞で、それらを除く五十六例の「故」は単独で用いられている。それだけでなく、「故に能《よ》く長生す」（七章）、「故に混じて一と為《な》す」（十四章）、「故に終《つい》に難きことなし」（六十三章）と、皆結論に用いられている。この用法は「三段論法」の「故に…である」の結論と全く同じ形をとっている。ここが「原始的三段論法」の決め手であった。（第二の発見）

三　三段的論法に因る『老子』解釈の是正

私が先に名づけた「三段的論法」に因って、王弼《おうひつ》（二二六〜二四九）による『王注老子道徳経《どうとくきょう》』を解釈すると、従来の一般の諸書の解釈と全く乖離《かいり》している表現に目を瞠《みは》った。その例を挙げよう。

例1　二十章　道の本体（3）

学を絶てば憂い無し。

唯《い》と阿《あ》と、相去ること幾何《いくばく》ぞ。善と悪と、相去ること何若《いかん》。人の畏《おそ》るる所は、畏れざるべからず。

荒《こう》としてそれ未《いま》だ央《つ》きざるかな。

衆人は煕煕《きき》として、大牢《たいろう》を享《う》くるが如く、春台《はるうてな》に登るが如し。我は独り泊《はく》としてそれ未だ兆《きざ》さず。嬰児《えいじ》の未だ孩《がい》せざるが如し。儽儽《るいるい》として帰《き》する所無きが若《ごと》し。（以下略）

〔口語訳　学問を絶つと憂いがない。はいとああはいくら違うか、善いと悪いはいくら違うか、だから人が恐れるのは、私も恐れる。私は果てしなく広く、限りがないなあ。多くの人は和《やわ》らぎ楽しく、盛大なご馳走を頂くように、春、高台に登って、素晴らしい景色を眺めるように。だけど私だけはむなしくて、まだ名も気配もなく、赤ん坊がまだ笑わないのと同じようだ。疲れ果てて元気なく、喪家《そうか》の犬の帰る所がないようだ。（以下略）」

この部分だけでも、段落の切り方に一致した見解がない。諸橋轍次氏は「人の畏《おそ》るる所は、畏れざるべからず。荒《こう》としてそれ未《いま》だ央《つ》きざるかな」と一段にしているし、福永光司氏、金谷治氏は「学を絶てば憂いなし」から「荒としてそれ未だ央きざるかな」までを一段にしている。

問題は、「荒としてそれ未だ央きざるかな」が何を指しているかである。前三者の解釈はどれも明瞭でない。王弼《おうひつ》の注を丹念に読んでいない証拠である。王注には「俗と相返るの遠きを嘆くなり」（世俗と違うことの遠いのを嘆くのである）といっている。「相返る」は「相反する」の意と同じ。したがって俗と相反していると言っている語である。このことをこれ以下の「衆人は熙熙《きき》として、……」から終わりまで説明しているのである。蔣錫昌《しょうしゃくしょう》氏が「この句は聖人について言い、以下の下文を起こす」（『老子校詁』）と注しているのは、まことに当を得た表現である。

また「人の畏るる所は、畏れざるべからず」は、「荒としてそれ未だ央きざるかな」と合わせて一段と見ている『諸橋老子』は誤りである。それは王注は、「故に人の畏るる所は、吾も亦《ま》た畏る」と「故」の字をつけて注し、よって前の「唯《い》と阿《あ》と、相去ること幾何《いくばく》ぞ。善と悪と、相去ること何《い》若《かん》」と同様な意味を持つ句であるとしているからである。

この二点の解釈を迂闊《うかつ》にしたために、全文の意味が通じなくなったのである。

例2　二十八章　無為の功用〈樸〉

二十八章の初めに、「その雄《ゆう》を知れば、その雌《し》を守りて、天下の谿《たに》と為《な》る（雄を知ると、雌を守って世の中の谷となる）。……。その白を知れば、その黒を守りて、天下の式《しき》と為る（白を知ると、黒を守って世の中の手本となる）。……。その栄を知れば、その辱《じょく》を守りて、天下の谷と為る（栄を知ると、辱〈恥〉を守って世の中の谷となる）。……」の句がある。これは宇恵《うけい》（宇佐美灊水《うさみしんすい》）注の訓みである。

これを『諸橋老子』は、「その雄を知りて、その雌を守れば、天下の谿《たに》と為《な》る。……。その白を知りて、その黒を守れば、天下の式と為る。……。その栄を知りて、その辱を守れば、天下の谷と為る。……」と訓んでいる。『福永老子』『金谷老子』も同様である。

この箇所に王弼は、「雄は先の属、雌は後の属なり。天下の先となるは、必ず後なるを知る。是を以て聖人は、その身を後にして身先んずるなり。谿《たに》は物を求めずして、物は自《おのずか》らこれに帰す。嬰《えい》児《じ》は智を用いずして、自然の智に合《がっ》す」（雄は先になる仲間で、雌は後になる仲間である。だから世の中の先になるのは、きまって後になることがわかる、そういうわけで聖人は、自分の身を後《あと》にして、かえって自分の身を先にするのである。谷は物を求めないで、物は自《おのずか》らやって来る。赤ん坊は智恵を用いないで、自然に生来の智恵に合っている）と注している。

雌雄の性格がわかると、何事も必ず後にする。だから無為自然の道を体得した聖人は、自分の身を後にする。それは谷や赤ん坊の性と同じで、自然と先となるのであるという。

この王注からすると、宇恵訓の方が正しい。「その雄を知りて、その雌を守れば」と仮定形に訓んでは、「天下の谿《たに》となる」が竹に木をついだような不似合いの恰好《かっこう》となる。「その雄を知れば」と仮定形に訓むと、「その雌を守りて、天下の谿となる」がうまく続く。「雌」と「谿」が同意であるからである。したがって宇恵訓は秀逸で、この訓に賛意を表する。

蔣錫昌は「知其雄、守其雌」は、「聖人は雄徳の取るに足らざるを知り、故に雌徳を守るなり」といい、「天下の谿となる」は、「聖人は応に天下の卑下となるべきを譬《たと》うるなり」といっており、「知其雄、守其雌」を仮定形に訓んではいないが、王注と内容的には同意である。（第三の発見）

四　『老子』の押韻

『老子』の押韻については一定した見解がない。

そこで、

(a)平仄の韻が同韻のもの。「道可レ道●上声皓　非ニ常道一●。名可レ名○下平庚　非ニ常名一○」（一章）

(b)異韻でも韻尾の音が同じもの。「挫ニ其鋭一、解ニ其紛一○上平文、和ニ其光一、同ニ其塵一●上平真」（四章）。「虚而不レ屈●入声物、動而愈出●入声質」（五章）

（c）平仄が違っても、韻尾の音が同じもの。「其精甚真《○上平真》、其中有ㇾ信《●去声震》」（二十一章）

という三つの観点から、『老子』全章を、全韻、大部韻（五個以上）、一部韻（四個以下）、無韻、の四つに分類すると、次のようになる。

全　韻　上巻10・12・18の3章
　　　　下巻60・71の2章　計5章

大部韻　上巻1・2・13・14・15・16・17・19・20・21・22・24・25・27・28・29・30・31・35・36・37の21章
　　　　下巻38・39・41・44・45・49・51・52・53・54・55・57・58・59・61・63・64・65・75・76・79の21章　計42章

一部韻　上巻4・5・6・7・8・9・23・26・32・33・34の11章
　　　　下巻40・46・48・56・62・66・69・70・72・73・77・78の12章　計23章

無　韻　上巻3・11の2章
　　　　下巻42・43・47・50・67・68・74・80・81の9章　計11章

この分類によると、全韻が5章、無韻が11章となり、81章中約七分の一が無韻であることになる。『老子』の文章は詩的で響きがよいとされているが、それも或る章に限られていることがわかる。

老子

上篇（道経）

△ 一章　宇宙の創世〈始・母〉

道の道とすべきは常の道に非《あら》ず。名の名とすべきは常の名に非ず。
無名は天地の始め。有名は万物の母。
故に常無欲《じょうむよく》は以てその妙を観《み》、常有欲《じょうゆうよく》は以てその徼《きょう》を観《み》る。
この両者は、同出にして異名なり。同じくこれを玄《げん》と謂《い》う。
玄の又た玄は、衆妙《しゅうみょう》の門なり。

道可道、非常道。名可名、非常名。
無名天地之始。有名万物之母。
故常無欲以観其妙、常有欲以観其徼。
此両者、同出而異名。同謂之玄。
玄之又玄、衆妙之門。

語釈 常無欲＝「無名」の別称。常有欲＝天地。徼＝音キョウ、帰終（王注）。小道、辺、微妙の意もある。玄＝赤味をおびた黒色。冥《くら》くて、黙っていて、形がない。「無」の別称。玄之又玄＝暗くて更に暗い。口では言えないさま。

全訳 これが道だといえる道は、恒久の道ではない。これが名だといえる名は、恒久の名ではない。無名は天地の始め。名がある天地は万物の母。常無欲（無名）には万物の始まる根源を観《み》、常有欲（天地）には万物の終わる微妙を観《み》る。この始めと母は、同じ所から出て名が違う。それを同じく玄という。玄は口ではいえない衆妙（宇宙における万物）の門である。

三段的論法
第一段「道可道」～「非常名」（主題）道と名の本質。
第二段「無名天地之始」～「常有欲以観其徼」（解説）
第一節「無名天地之始。有名万物之母」無名と有名の本質。
第二節「故常無欲以観其妙、常有欲以観其徼」常無欲と常有欲の作用。
第三段「此両者」～「衆妙之門」（結論）両者の説明と玄の本質。
主題で、道と名の本質を規定し、解説で、無名と有名の本質、常無欲と常有欲の作用を説明し、結論で、両者の説明と玄の本質で結んだ。

評論 この第一章は、道の本体をいっている。河上公《かじょうこう》本では、「体道」章という。宇宙の創世をいった章である。
この章には次のような問題点がある。
1「常無欲・常有欲」の訓にはほかに、①「常に無欲・常に有欲」、②「常無は（以てその妙を観《み》ん）と欲し、常有は（以てその徼《きょう》を観《み》ん）と欲す」の二つがある。

2 「徼」は音キョウ、「根源」。差別、明白、終極、あな（穴）などの意もある。
3 「両者」は、「始・母」のほか、有・無、妙・徼、始源・現象、本体・現象、無形・有形、無欲・有欲などがある。
4 「同出」は、「玄」のほか、同じ根本、同じ道、同じ来源、無名、一つの根源などがある。
5 「玄」には、「暗くして黙然とした無」のほか、黒色、暗く定かでない黒い色、色を染め重ねてできた赤黒い色、黒い色で深遠で見通せない神秘さ、幽冥恍惚《こうこつ》、形容し難い意などがある。
6 「玄之又玄」には、「口ではいえない」のほか、真の玄すなわち道、人間のいかなる言葉をもってしても形容できないもの、つまり道の不可思議のはたらき、深淵のさらにまた奥の深淵、玄中の玄、極めて遠く極めて深い、無名の又た無名、道玄、徳も亦《ま》た玄などがある。

「道の道とすべきは常の道にあらず。名の名とすべきは常の名にあらず」というのは、この章の主題であるだけでなく、『老子』八十一章全篇を貫く、根本概念である。宇宙の創世は、「無」で、そこから「有」の天地が生まれ、この地球ができ、万物が生育した。したがって天地は、万物の母である。

だから真に「無欲」であれば、天地万物の根源の微妙な働きが分かり、真に「有欲」であれば、天地万物の帰結の微妙が分かる。この「有欲」は、単に欲が有るということではなく、王注が「欲の本《もと》づく所は、道に適《かな》いて後に済《な》る」（道にかなって後に出来る）といっているように、「無為自然の道」に適った「欲」であって、初めて遂げられるのである。

「根源の微妙、帰結の微妙」は、万物の発生と終焉のさまをいったものである。一般の諸書は、王注のこの「道に適う」の語を看過しているがために、多岐の解釈を生む原因となった。

「無」と「有」の両者は、同じ「玄」から出ているが、名が違うのは働きが違うからである。王注は「始」と「無」となっているが、「無」は「母」の誤りである。問題は「玄」の解釈である。王注は「玄は冥《めい》（暗く奥深い）なり、黙然（黙っている様）として無有なり」といっている。「無有」は、形が無いこと、「無」と同義。

「玄之又玄」を「玄にして又た玄」と宇佐美灊水《うさみしんすい》（恵）注は訓読しているが、これでも意味は通る。

老子の「無為自然の道」は老子哲学の最高の範疇のものであって、この中には、宇宙創世の原動力を説き、万物生成を述べ、これを人間社会の生き方に結びつけて、この「無為自然の道」に順応して生きることこそが、人間らしい最善の生き方であるという。蔣錫昌《しょうしゃくしょう》は「この章は全書の意を総括し、この章に能《よ》く通ずれば、則《すなわ》ち全書も亦《ま》た明らかなり」（『老子校詁』）といっている。

「常無欲は以てその妙を観《み》、常有欲は以てその徼《きょう》を観《み》る」は分かりにくい表現であるが、常無欲は前文の「無名」を受け、常有欲は「天地」を受けていることが分かると、「無名」には万物の始まる根源を観《み》、「天地」には万物を生育し、その微妙な終わりを観《み》る。つまり「無」から「天地」の「有」が生まれ、「天地」から万物が生育し凋落《ちょうらく》していく「自然現象」をいったことが理解される。

○ 二章　無為（1）〈範疇〉◎

天下皆美の美為《た》るを知る。これ悪のみ。皆善の善為《た》るを知る。これ不善のみ。
故に有無《うむ》相生じ、難易相成し、長短相形《かたち》し、高下相傾き、音声相和し、前後相随う。
是《ここ》を以て聖人は、無為の事に処《お》り、不言の教えを行う。
万物作《おこ》るも辞せず。生ずるも有せず。為《な》すも恃《たの》まず。功成るも居《お》らず。
それ唯《た》だ居らず。是《ここ》を以て去らず。

天下皆知美之為美。斯悪已《のみ》。皆知善之為善。斯不善已《のみ》。
故有無相生、難易相成、長短相形、高下相傾、音声相和、前後相随。
是以聖人、処無為之事、行不言之教。
万物作焉而不辞。生而不有。為而不恃。功成而弗居。

夫レ唯ダ弗レ居ラ。（上平魚）是ヲ以テ不レ去ラ。（去声御）

語釈 不言之教＝言葉を用いないで、無為自然の道に順って自然に教える。相形＝平仄の関係上、「較」は「形」に改めた（明の孫鑛《そんこう》の『古今本攷正』）。弗＝不よりも強い打消。唯＝タダ。限定の意を表す助字。それだけ。

全訳 世の中の人は誰も美しいものは美しいと分かる。それは悪があるからだ。誰も善《よ》いことは善いと分かる。それは不善があるからだ。

だから有ると無いとは互いに生じ、難しいと易しいとは互いに成り、長いと短いとは互いに形《かたち》し、高いと低いとは互いに傾き、音と声とは互いに調和し、前と後とは互いに随う。

そういうわけで聖人は、何事も有為《ゆうい》がなく、不言の教えをする。

万物は自力で生まれるが道は何もいわない。生育しても道は自分のものとしない。大きな仕事をしても道はそれに頼らない。立派な成果があがっても道はそこには居ない。

ただ居ないのだ。だから永久に居ることになる。

三段的論法 第一段「天下皆知美之為美」～「斯不善已」（主題）　美悪・善不善の相対性。

第二段「故有無相生」～「前後相随」（解説）

第一節「故有無相生」～「前後相随」　相対性の列挙。

第二節「是以聖人」～「行不言之教」　聖人の無為と不言の教え。

第三段「夫唯弗居。是以不去」（結論）　無為の功用。

主題で、美悪・善不善の相対性を挙げ、これが自然の無為の現象であることを規定し、解説で、それを列挙し、聖人も無為であって、万物の生長も然りであると解明し、結論で、無為の功用を述べた。

評論 美悪・善不善については、王注は「美は、人の心が楽しみを進めるもの、悪は、人の心が憎むものである。だから美悪は喜怒のようなもの、善不善は是非のようなもの、喜怒は同根、是非は同門。故に一方だけ挙げることはできない」といっている。つまり、常に相対するものであるという。人の心の働きを本《もと》にして説いたものである。

この観点から、次の六つのものを列挙して、「これは自然の現象で、偏挙することはできない」とする。したがって主題は、人の心の自然に発するもの、解説（第二段）の第一節は、万物が自然に成るものをいっているので、いずれも「無為」の事を述べたものである。

よって、「聖人……」以下は、この無為自然の道を体得した聖人は、「無為のことに処《お》り、不言の教えを行う」といい、その具体的な働きを、万物が自然に自《みずか》らの生命力で生長し、実を結び、根に帰るさまを、聖人の行為に準《なぞら》えたものである。

一般の諸書は、この章を二段に分け、前者は相対性、後者は「無為」をいうと説明しているが、「三段的論法」の構成からすると、この説明は全くの誤りで、この章は「無為」を説いたことが判明する。

○　三章　理想の政治（1）〈無為〉◎

賢《けん》を尚《たっと》ばざれば、民をして争わざらしむ。得難きの貨を貴《たっと》ばざれば、民をして盗《とう》を為《な》さざらしむ。欲すべきを見《しめ》さざれば、心をして乱れざらしむ。
是《ここ》を以て聖人の治は、その心を虚《むな》しくして、その腹を実《み》たす。その志《こころざし》を弱くして、その骨《ほね》を強くす。常に民をして無知無欲ならしめ、かの知者をして敢《あえ》て為《な》さざらしむるなり。
無為を為《な》せば則《すなわ》ち治まらざること無し。

不レバレ尚バレ賢ヲ、使ムニ民ヲシテ不ラロ争ハ。不レバレ貴バニ難キレ得之貨ヲ一、使ムニ民ヲシテ不ラロ為サレ盗ヲ。不レバレ見サレ可キレ欲ス、使ムニ心ヲシテ不ラロ乱レ。

是ヲ以テ聖人之治ハ、虚シクシテニ其ノ心ヲ一、実タスニ其ノ腹ヲ一。弱クシテニ其ノ志ヲ一、強クスニ其ノ骨ヲ一。常ニ使メニ民ヲシテ無知無欲ナラ一、使ムル三夫ノ知者ヲシテ不ラニ敢テ為サ一也。

為セバニ無為ヲ一則チ無シレ不ルコトレ治マラ。

語釈　賢＝才能。尚＝よいと褒める。見＝しめす（示）。虚其心＝知恵を空っぽにする。実其腹＝無知を腹いっぱいにする。志＝志は事を生じて乱れる（王注）。骨＝知ることがなくて幹となる（王注）。無知無欲＝真（ありのまま）を守る（王注）。

全訳　才能ある者を褒《ほ》めないと、民に争いをさせない。手に入れ難い品物を貴ばないと、民に盗みをさせない。欲しがるものを示さないと、民の心を乱さない。

そういうわけで聖人の政治は　民の知恵を空っぽにして、無知を腹いっぱいにし、志を弱くして、無知の骨を幹にし、いつも民を無知無欲にして、あの為《な》すことを知る知者を進んでしないようにさせる。

有為《ゆうい》のない政治をすれば、世の中は治まらないことはない。

三段的論法　第一段　「不尚賢」～「使心不乱」（主題）　争い、盗み、乱すの原因。作為の害。

第二段　「是以聖人之治」～「使夫知者不敢為也」（解説）　聖人の政治の仕方。無為。

第三段　「為無為則無不治」（結論）　無為の政治の功用。

主題で、賢と得難い貨、欲しがるものを挙げ、争い、盗み、乱す本《もと》となる作為の害を規定し、解説で、これが起こらない無為の方法を述べ、結論で、無為の功用を述べる。

評論　一般の諸書は、「その心を虚《むな》しくして、その腹を実《み》たす。その志を弱くして、その骨を強くす」の「腹」と「骨」とは、文字通り、「腹いっぱい」にし、「筋骨を強くする」と解しているが、王注は、腹を「無知いっぱい」にし、骨を「無知の幹」としている。そこで初めて、「是《ここ》を以て」が生きてくる。

○ 四章　道の本体（1）〈帝の先〉

道は冲《ちゅう》にしてこれを用うれば、或いは盈《み》たず。淵《えん》として万物の宗《そう》に似たり。その鋭を挫《くじ》き、その紛《ふん》を解き、その光を和《やわ》らげ、その塵《ちり》に同じくす。湛《たん》として或いは存するに似たり。
吾誰《たれ》の子たるを知らず。帝の先《せん》に象《に》たり。

道ハ冲ニシテ而用フレバレ之ヲ、或イハ不レ盈タ。淵トシテ兮似タリニ万物之宗ニ一。
挫キニ其ノ鋭ヲ一、解キニ其ノ紛ヲ一、和ラゲニ其ノ光ヲ一、同ジクスニ其ノ塵ニ一。湛トシテ兮似タリニ或イハ存スルニ一。
吾不レ知ラニ誰之子タルヲ一、象タリニ帝之先ニ一。

語釈 冲＝沖の俗字。水のわき出るさま。むなしい。「盅」（虚）の仮字（傅奕《ふえき》本）。或＝「又」になっているテキストもある。淵兮＝奥深いさま。「兮」は音ケイ、助字。訓読では読まないが、韻文の句間や、句末に置いて、語調を整える。揚子江流域の南方の詩に多く用いられている。宗＝根本。根源。湛＝深くたたえる。満ちあふれる。

全訳 無為自然の道は空っぽであるが、これを用いると、いくら用いてもいっぱいにならない。奥深く淵のようで、万物の根源に似ている。
この道は万物の鋭さを挫《くじ》き、紛《もつ》れを解きほぐし、光を和《やわ》らげて世俗に同じくし、深く湛《たた》えて永遠にあるかのようだ。
この道は誰の子であるか分からない。天帝以前からあったようだ。

三段的論法

第一段　「道冲而用之」～「淵兮似万物之宗」（主題）　無為自然の道の規定。万物の宗。
第二段　「挫其鋭」～「湛似或存」（解説）　無為自然の道の功用。
第三段　「不知誰之子、象帝之先」（結論）　無為自然の道の存在。

主題で、無為自然の道の無限の作用を規定し、解説で、その具体的作用を述べ、結論で、この道の存在は、天帝の先《せん》と結ぶ。

評論

無為自然の働きと本体を述べた章である。この道は、空っぽの器に水を入れ、いくら入れても満ちないように、無限の働きを持っており、万物の根源になっているが、存在場所が分からないので、天帝の先の存在のようだ、という。これは宇宙創世の「無」を指している語で、一章の「無」と同じことをいっている。
「その鋭を挫《くじ》き、その紛《ふん》を解き、その光を和《やわ》らげ、その塵《ちり》に同じくす」を挿入句と見ている書もあるが、三段的論法の形式から、これは解説であって、挿入句ではないことが判明する。「和光同《わこうどう》塵《じん》」の出典の句である。

○ 五章　理想の政治（2）〈橐籥〉◎

天地は不仁なり。万物を以て芻狗《すうく》と為《な》す。聖人は不仁なり。百姓《ひやくせい》を以て芻狗と為す。
天地の間は、それ猶《な》お橐籥《たくやく》のごときか。虚にして屈《つ》きず。動きて愈《いよ》いよ出《い》ず。
多言なれば数《ことわ》り窮す。中《ちゆう》を守るに如《し》かず。

天地ハ不仁ナリ。以テ二万物ヲ一為スニ芻狗ト一。聖人ハ不仁ナリ。以テ二百姓ヲ一為スニ芻狗ト一。

天地之間ハ、其レ猶ホ二（ゴトキ）橐籥ノ一乎か。虚ニシテ而不レ屈キ●（入声物）。動キテ而愈ゝ出ヅ●（入声質）。

多言ナレバ数リ窮ス○（上平東）。不レ如カ二守ルニレ中ヲ○（上平東）一。

語釈　芻狗＝藁で作った犬。祭に用い、祭が終わると捨てられる。用があれば用いられ、用がなければ捨てられるものにたとえられる。「芻」は、まぐさ、ほし草。**百姓**＝多くの人民。**橐**＝「槖」は俗字。本字は「橐」、音タク。ふくろ、ここはふいごう。**橐籥**＝ふいごう（鞴）。鍛冶屋が火をおこす道具。長方形の箱に取っ手をつけて、取っ手を出し入れしながら、風を送る装置。橐は、ふいごうの外箱。籥は、内部の送風器。ふいごは短呼。王注は橐と籥に分け、橐は排橐（ふいごう）、籥は楽籥で音楽に用いる笛。**数**＝ことわり（理）。**中**＝空虚。

全訳

天地は思いやりがない。万物を藁犬のように打ち捨てている。聖人は思いやりがない。庶民を藁犬のように打ち捨てている。

天地の間はふいごうや笛のようだなあ。中が空っぽで、吹いても尽きず、吹けば吹くほどますます風が出る。

多言をすると道理に詰まる。空っぽを守るにこしたことはない。

三段的論法

第一段　「天地不仁」～「以百姓為芻狗」（主題）　天地と聖人は不仁。

第二段　「天地之間」～「動而愈出」（解説）　空虚すなわち無為自然の道の功用。

第三段　「多言数窮。不如守中」（結論）　空虚を守るのが一番。

主題で、天地の無為自然の状態を、不仁に喩《たと》え、無為自然の道を規定し、解説で、この道をふいごうと笛に喩え、結論で、無為自然の道を守ることが一番であると結んだ。

評論

本章で、大きな問題が二つある。一つは「橐籥《たくやく》」の解釈で、従来の一般の諸書は、二字で「ふいごう」又は「ふいご」（鞴）と解しているが、王注は、橐はふいごう、籥は笛と、二つに分けている。もう一つは、「数」の解釈である。一般の諸書は、「しばしば」と解しているが、王注は「理数なり」といっている。「理数」は、道理という意味である。この意味から本文を訳すと、極めて分かりいい。

「中を守る」は中虚を守る意。「中」は「冲・盅」と同じ。儒教のいう「中庸」の道理ではない。「中空」の意で、橐籥《たくやく》のそのままの状態である。

天地自然は、思いやりの仁の徳などない。まことに非情である。しかしそれが万物を自《みずか》ら生長させる。聖人の政治も同じで、思いやりの言葉をかけない。政治を意識させない政治をする。これが本物の政治である。

天地の間は空間である。空っぽである。だから、「ふいごう」のように、いくらでも風を出すことができる。無為自然の道は偉大なはたらきをする。政治も同じでこの道を以てすることが、無限に善風を吹かせることができる。

多言すると、道理に窮する。聖人の政治は甘い言葉をかけたり、民衆の歓心を惹くようなことはしない。常に心を空っぽにしていて、「無為自然の道」に順って政治をする。これが本物の政治である。

○ 六章　道の功用（1）〈谷神〉

谷神《こくしん》は死せず。是《こ》れを玄牝《げんぴん》と謂《い》う。
玄牝の門、是《こ》れを天地の根《こん》と謂う。
綿綿として存するが若《ごと》く、これを用いても勤《つか》れず。

谷神ハ不レ死セ、是レヲ謂フ二玄牝ト一。

玄牝之門、是レヲ謂フ二天地ノ根ト一。

綿綿トシテ若レク存スルガ、用ヒテモレ之ヲ不レ勤。

語釈 谷神＝谷の中央の谷がない空間の所。加藤常賢の『老子原義の研究』には「穀」に、河上公《かじょうこう》本には「浴」に作っている。穀と浴も「やしなう」（養う）と訓じているから、道が万物を養う意になる。更に谷は低く卑しいものであり、あらゆる水などの流れ込むところである。その谷の姿が老子の道に似ているので、老子は谷を以て道に譬《たと》えている。「上徳は谷の若《ごと》し」（四十一章）。死せず＝永遠の生命のあること。玄牝＝不思議な女性。万物を生む奥深く測り知れない根源に喩えた。牝《ひん》は雌で、女性が子どもを生むように万物を生み出すこと。古くは丘陵を牡（ボ、おす）、谿谷を牝（ヒン、めす）というから、「玄牝」は前の谷神に応じている。綿綿＝はっきりしないさま。勤＝つかれる（労）。

全訳 谷間の神は不滅の生命《いのち》、これを微妙な雌という。

微妙な雌の出口、これを天地万物の根源という。

太古から綿綿と長く続いて、どんなに用いても労《つか》れない。


三段的論法 第一段「谷神不死、是謂玄牝」（主題）谷神は玄牝。

第二段「玄牝之門、是謂天地根」（解説）玄牝の門は、天地の根源。

第三段「綿綿若存、用之不勤」（結論）玄牝の門は、労《つか》れない。

主題で、谷神を玄牝と規定し、解説で、この門は天地の根源と説明し、結論で、その根源はつかれないと結んだ。

評論 「無為自然の道」を、谷神・玄牝の別称で譬え、これは天地の根源であり、いくら用いても労《つか》れることなく、無窮に続くと、功用を説いた。

谷神は、河上公本では「浴神」となっている。「浴」は「養う」の意。「谷」は万物を養うから、養いの神となったのである。更に、谷は低く卑しいところで、あらゆるものが流れ込むところなので、老子の「道」に似ているため、「道」に譬えたのである。

「玄牝」は、一章の「万物の母」に呼応して用いたもので、これを女性の生殖器の象徴と解している諸書があるが、王注を見る限り、一言もこれには触れていない。王弼は二十四歳の若さでこの世を去っているから、青春の辱《は》じらいからであろうか。

○ 七章　無為（2）〈無私〉◎

天は長く地は久し。

天地の能《よ》く長く且《か》つ久しき所以《ゆえん》の者は、その自《みずか》ら生ぜざるを以てなり。故に能《よ》く長生す。

是《ここ》を以て聖人は、その身を後《あと》にして身先んじ、その身を外にして身存す。

その私《わたくし》無きを以てに非《あら》ずや。故に能《よ》くその私を成《な》す。

天ハ長ク地ハ久シ。

天地ノ所以能ク長ク且ツ久シキ者ハ、以テナリ其ノ不ルヲ自ラ生ゼ。故ニ能ク長生ス。

是ヲ以テ聖人ハ、後ニシテ其ノ身ヲ而身先ンジ（下平先）、外ニシテ其ノ身ヲ而身存ス（上平元）。

非ズ以テニ其ノ無キヲ私耶ヤ。故ニ能ク成ス其ノ私ヲ。

語釈 自生＝自ら有為《ゆうい》を以て生きる。無私＝身を有為を以てしない。その私＝無為自然の道に順う私（自分）。

全訳 天は長く地は久しい。

天地が長く久しいわけは、自《みずか》ら生きようとしないからだ。だから長く生きられる。

そういうわけで聖人は、人を先にして自分を後《あと》にするから自分が先になり、自分を度外視するから自分が見立てられる。

それは有為《ゆうい》の私がないからだ。だから無為自然の道に順う自分を成し遂げる。

三段的論法
第一段「天地長久」（主題）天は長く、地は久しい。
第二段「天地所以」〜「而身存」（解説）
第一節「天地所以」〜「故能長生」天は長く、地は久しい理由。
第二節「是以聖人」〜「而身存」聖人が聖人である理由。
第三段「其以其無私耶」〜「成其私」（結論）私を成す理由。
主題で天地長久の現実を規定し、解説で、その理由と、聖人の聖人たる理由を述べ、結論で、「私を成す」理由を、「無私」だからと結んだ。

評論 天地の無為自然の道を述べた章で、人間もこの天地の姿に倣えば、私（自分）を成し遂げることができると教えている。王注の「自《みずか》ら生ずる」は、自分から有為を以て生きようとすること。

この章を老子の処世術の老獪《ろうかい》さをいったものであると解する書もあるが、もしそうだとすると、「その身を後にして身先んじ、その身を外にして身存す」の句は、「為にする」句となって、無為自然の道の老子の本旨に反することになる。

『老子』八十一章を通覧するに、老子は孔子と同様、「善意」に立って、当時の乱世を救おうとし、孔子の立場と反対の立場をとって、「無為自然の道」を論じたので、逆説的な表現もあるが、老獪ではなく、むしろ無為自然の道を了悟した、純朴な夫子《ふうし》であったと思われる。したがって『老子』中に随所に出てくる「聖人」は、老子自身に準《なぞら》えているのである。

○ 八章　不争の徳(1)◎

上善は水の若《ごと》し。
水は善《よ》く万物を利して争わず、衆人の悪《にく》む所に処《お》る。故に道に幾《ちか》し。
居《きょ》は善く地。心は善く淵《えん》。与うるは善く仁《じん》。言は善く信《しん》。正は善く治《ち》。事《こと》は善く能《のう》。動くは善く時《とき》。

それ唯《た》だ争わず。故に尤《とが》め無し。


上善ハ若シレ水ノ。

水ハ善ク利シテ二万物ヲ一而不レ争ハ、処ル二衆人之所ニレ悪ム。故ニ幾シ二於道ニ一。

居ハ善ク地。心ハ善ク淵。下平先 与フルハ善ク仁。上平真 言ハ善ク信。去声震 正ハ善ク治。事ハ善ク能。動クハ善ク時。

夫レ唯ダ不レ争ハ。故ニ無シレ尤メ。

語釈 上善＝最上の善。無為自然の道に準《なぞら》えた。悪＝にくむ。幾＝ちかい。尤＝とがめる（咎）。

全訳 最上の善は水のようなものだ。

水は万物に役立って争わず、多くの人のいやがる低い所にいる。だから無為自然の道に近い。

居る所は低い所が善い。心は淵のように奥深いのが善い。与えるのは仁が善い。言うことは真実が善い。政治は治まるのが善い。物事は能力を尽くすのが善い。行動は時宜に適《かな》うのが善い。

ただ争わないことだ。だから咎《とが》められない。

三段的論法 第一段　「上善若水」（主題）　最上の善は水のようである。
第二段　「水善利万物」〜「動善時」（解説）
第一節　「水善利万物」〜「故幾於道」　水の習性。
第二節　「居善地」〜「動善時」　水の習性を、実生活に準《なぞら》えた。

第三段「夫唯不争。故無尤」（結論）水の不争の徳。主題で、無為自然の道を「上善」で別称し、解説で、水の習性をいい、これを人間の日常生活に準え、結論で、水の不争の徳を以て結んだ。

評論 ここで問題は、第二段第二節の「居・心・仁・信・正・事・動」の解釈である。この背景には、すべて「無為自然の道」があること、すなわち「水」の功用を忘れてはいけない。儒教的立場に立っての解釈ではなく、老荘的見地からの見方である。したがって「居」は、水のように他と争うことのない低い地、心は、淵のように奥深く静かな心、仁は、水が万物に与えるような仁の道、言は、水の流れる所へは流れ、流れていけない所へは流れない信、正は、無為の治、事は、能力に応じて力を尽くす、動は、水が穴があると穴を満たした後、然るべき方面に動くような時である。要は、水の行動が無理なく、それでいて目的を達する力を持っていることを、人間の行為に希求したのである。

薛蕙《せっけい》が「己を行うに争わず。高きを避けて下《ひく》きに処《お》るは、善《よ》く地なり。心を微妙に蔵し、深く測るべからざるは、善く淵なり。その施すこと兼愛にして私《わたくし》無きは、善く仁なり。その言徴ありて爽《たが》わざるは、善く信なり。国を治むれば則《すなわ》ち清浄自《みずか》ら正しくするは、善く治なり」（『老子集解』）といい、『荘子』「天下篇」に、「老聃《ろうたん》の学は、その働くこと水の若《ごと》く、その静かなること鏡の若く、その応ずること響くが若し」とあるが、正に当を得た解釈である。なお「正」は「政」と同じで、傅奕《ふえき》本、林希逸《りんきいつ》本、范応元《はんおうげん》本等は「政善治」になっている。

本章は、水の性質を上善の人の人格に比喩《ひゆ》し、水の顕著な特性の作用である柔弱で、低い卑しい所に処《お》り、万物を滋養して争うことをしないことを、上善の人の人格もまた具有すべきであると、老子が希求したものである。

○ 九章 天の道（1）〈無為〉◎

> 持《じ》してこれを盈《み》たすは、その已《や》むに如《し》かず。揣《きた》えてこれを鋭くするは、長く保つべからず。金玉《きんぎょく》堂に満つるは、これを能《よ》く守ること莫《な》し。富貴にして驕《おご》るは、自《みずか》らその咎《とが》めを遺《のこ》す。功遂げて身退くは、天の道なり。

持而盈之、不如其已。

揣而鋭之、不可長保。金玉満堂、莫之能守。富貴而驕、自遺其咎。

功遂《ゲテ》身退《クハ》、天之道《ナリ》。

語釈 持＝徳を失わないこと。不如其已＝無徳無功者であること。揣＝音スイ。刃物をきたえる。驕＝たかぶる、おごる。いばる。咎＝音キュウ。とがめ。災い。

全訳 徳があるのに更に徳を満たすのは、かえって徳がなく功がないのに全く及ばない。鍛え鍛えて鋭くするのは長く持たない。金玉《きんぎょく》を堂いっぱいにするのは守ることができない。富貴にいてたかぶるのは自《みずか》ら咎《とが》めを残す。

功が成って退くのは天の道である。

三段的論法 第一段「持而盈之、不如其已」（主題） 有為《ゆうい》より無為が勝る。

第二段「揣而鋭之」～「自遺其咎」（解説） 実例三つを挙げる。

第三段「功遂身退、天之道」（結論） 天の道は、無為自然の道である。

主題で、有為より無為が勝ることを規定し、解説で、三つの例を挙げ、結論で、天の道は無為自然の道であると結んだ。

評論 本章で一番問題となるのは、主題「持《じ》してこれを盈《み》たすは、その已《や》むに如《し》かず」の王注である。一般の諸書は、「持してこれを盈たす」を、器を手に持ってそれに満たすと解しているが、王注は、「持すとは、徳を失わざるを謂《い》うなり」（持すというのは、徳を失わないことをいうのである）と説明している。したがって「器」ではなく「徳」で、これを満たすと、必ず傾危《けいき》する（傾いて危うくなる）といい、これよりは、「無徳無功」の無為自然の道が勝っているというのである。分かりやすくいえば、「徳」を以てして行くと、やがては傾いて危うくなる。無為自然の道ですることであるという。だから「揣《きた》えてこれを鋭くする」「金玉《きんぎょく》堂に満つる」「富貴にして驕《おご》る」は、「有《ゆう》為《い》」でするから悪い結果を残すと、例に挙げる。

次に、「功遂げて身退くは、天の道なり」の王注は、四季の移り変わりは天の道、つまり無為自然の道で、春夏秋冬と変わっていくように、人間社会のあらゆる生きる道も、この自然の運行に従うことであると、われわれに誡《いまし》めているのである。

本章は二句ずつ意味を持つ十句から成るが、始めの二句が主題で、次の六句が主題の解説、後の二句が結論で、三段的論法からすると、王注が正しく符合する。

△ 十章 道の体得(1)〈玄徳〉

営魄《えいはく》に載《お》りて一を抱《いだ》き、能《よ》く離るること無からんか。
気に専《まか》せ柔を致《きわ》めて、能く嬰児《えいじ》たらんか。
滌除《てきじょ》して玄覧《げんらん》になり、能く疵《し》無からんか。
民を愛し国を治むるに、能く知無からんか。
天門開闔《かいこう》するに、能く雌《し》為《た》らんか。

明白四達するに、能く為《な》すこと無からんか。
これを生じ、これを畜《やしな》う。生ずるも有せず。為《な》すも恃《たの》まず。長ずるも宰《さい》せず。是《こ》れを玄徳《げんとく》と謂《い》う。

載《リテ》二営魄《ニ》一抱《キ》レ一《ヲ》、能《ク》無《カラン》レ離《ルルコト》○上平支乎《か》。
専《セ》レ気《ニ》致《メテ》レ柔《ヲ》、能《ク》嬰児《タラン》○支乎《か》。
滌除《シテ》玄覧《ニナリ》、能《ク》無《カラン》レ疵○支乎《か》。
愛《シ》レ民《ヲ》治《ムルニ》レ国《ヲ》、能《ク》無《カラン》レ知○支乎《か》。
天門開闔《スルニ》、能《ク》為《ラン》レ雌○支乎《か》。
明白四達《シテ》、能《ク》無《カラン》レ為《スコト》○支乎《か》。
生《ジ》レ之《ヲ》○支、畜《フ》レ之《ヲ》○支。生《ズルモ》而不レ有《セ》。為《スモ》而不レ恃《マ》。長《ズルモ》而不レ宰《セ》。是《レヲ》謂《フ》二玄徳《ト》一。

語釈　載＝おる（処）。営魄＝人の常居の所。住居。抱一＝無為自然の道を抱く。専＝まかせる（任）。致＝極める。滌除＝洗い除く。払い除く。疵＝傷つける。音シ。天門＝万物が生まれ出る門。世の中の人々が由《よ》り従う所。開闔＝開いたり閉じたりする。世の中を治めること。明白＝あきらか。四達＝道路が四方に通じる。隅々まで届く。畜＝やしなう（養）。本性を禁じない。宰＝主となる。

全訳　人は常の住居《すまい》にいて、一を抱いて、離れないでいられるかなあ。

自然の気に任せ、至柔の知を極めて、嬰児のようにしていられるかなあ。

すっかり邪飾を払い去って、玄を傷つけないでいられるかなあ。

民を愛し国を治めるのに、無知にしていられるかなあ。

世の中を治めるのに、雌のようにしていられるかなあ。

至明が隅にまで通じて、無為にしていられるかなあ。

この無為自然の道は、万物を生じ養っている。万物を生育しても自分のものとしない。大きな仕事をしてもそれに頼らない。生長しても主とならない。これを玄徳《げんとく》という。

三段的論法

第一段「載営魄抱一、能無離乎」(主題) 無為自然の道の別称「一」について。

第二段「専気致柔」～「能無為乎」(解説) 無為自然の道の別称の具体例、嬰児、玄覧、無知、雌、無為等を挙げて説明。

第三段「生之、畜之」～「是謂玄徳」(結論) 万物は自《みずか》ら生長するが、無為自然の道の恩恵に因る。この道を玄徳という。


主題で、無為自然の道を「一」の別称で規定し、解説で、更に別称の具体例を五つ挙げ、結論で、無為自然の道を「玄徳」というと結んだ。

評論 この章で大きな問題は、「載㆓営魄㆒」の訓と解釈である。従来の一般の諸書は、全く王注によって解していない。「載」を「みつ。安んじる。乗る」等に訓じ、「営魄」を「迷える魂。迷える肉体。生命活動を営む人間の肉体」等に解している。しかし王注は、「載」は「処《お》る」、「営魄」は「人の常居する処」と注釈し、人間の日常生活と密着させている。
「一を抱《いだ》く」の「一」は「無為自然の道」の別称である。王注は「一は、人の真なり」といっている。「真」は「ありのまま」の意が原意であるから、「無為自然の道」の別称と見ることができる。したがって王注からすると、「人は日常生活をしている住居《すまい》で、無為自然の道を以て」という意になる。これが最も自然な解釈ではあるまいか。一般の諸書は、無理に「営魄」の「営」は「熒《けい》」（あきらか。まどわす。かがやく）と通用し、「熒魄《けいはく》」であるとしたり、「載」を別訓「乗る。みつ。安んじる」に訓んでいるが、王注の方がよく分かる。

そこで、更に大きな問題が起こってくる。それは、王弼が果たして許慎《きょしん》の『説文解字《せつもんかいじ》』を見たかどうかということである。許慎は西暦三〇～一二四の人で、その子許沖《きょちゅう》が、上表文を添えて、西暦一〇〇年に『説文解字』を献上したという。王弼は西暦二二六～二四九の人であるから、『説文解字』成立の一二六年後に生まれたことになる。なお許慎は召陵（今の河南省郾《えん》県）の人であり、王弼は山陽（今の河南省修武県）の人である。この両者の距離は、約二〇〇キロである。したがって、王弼は『説文解字』の存在は知っていたと思われる。然《しか》るに、『説文解字』の解釈を採っていない。「載」は、『説文』には「乗る」という説明はあるが、「処る」という意味はない。諸橋轍次『大漢和辞典』には、「おさめる」と解して、この「載」の注解が出ているが、「処る」には解していない。では、どうして王弼は「処《お》る」と解したのであろうか。

二十四歳で早世した王弼は、己の英知以外に、何も頼る必要はないと確信し、「載」を「処る」と解したのではなかろうか。それは、「営魄」は、「迷える魂」ではなく、魄を営む、つまり、肉体を営むと解し、常にその場所に居ること（常居）だと決断したのであろう。

ここに至るには、王弼は『老子』を反復に反復を重ねて熟読吟味し、老子になりきって己の人生を生きる証《あかし》が、王注となったのである。この動機は、三十三章の「死して亡《ほろ》びざる者は寿《いのちなが》し」の王注「身没して道猶《な》お存す。況《いわ》んや身存して道卒《おわ》らざるをや」が、如実にそれを表している。

こう考えることによって、初めて『老子』の内容が躍如としてわれわれの日常生活の中に生きて来、「仙人老子」ではなく「凡人老子」であった老子像が面前に描かれてくる。

老子は孔子と同様に、当時の乱世を救おうとして、無為自然の道にしたがって生きることこそ、人間の根元的生き方であると体認し、それを『老子』五千言に集約したのである。

老子は決して仙人ではなく、この人間世界の凡人である。それを最も端的に言っているのが本章である。それは「能無離乎」（能《よ》く離るること無からんか）の語から分かる。「能」の字は、ここでは可能を表している。したがって、「離るること無きこと能《あた》わんか」と訓読すると、「離れていることのないことができるであろうか」、つまり、「離れないでいることができるだろうか」という意になる。

それに更に見逃してはいけないのは、「乎」の助字である。この助字は、疑問・反語・詠嘆等の意を表すが、この中では詠嘆の意が強い。したがってここは、疑問に詠嘆が加味されていると解することによって、老子は、やはりわれわれのような人間と同じ凡人であったことが意識されてくるのである。

よって、この語は「離れないでいることができるかなあ」という、老子の心情の表現であると見なすことができる。「無為自然の道」は、人間の生きる最善の道であるが、これを凡人たる人間は、四六時中持ち続けることは困難で、一日の中《うち》少なくとも何時間かはこの状態でありたい。自分（老子）も曾てはそうであった。しかし今は、修練によってこの道を体得した。だから君達にもいう、と、問い聞かせているのである。

故に、「無為自然の道」の別称である、一、嬰児、玄覧、無知、雌、無為等を以て、問いかけ、これを修練すると、無意識の中《うち》に、この道が四六時中持続できるようになる。自分は今この域にやっと到達した。そこで君達にいうのだが、という老子の意思が、この章の中から脈々と流れているのである。

終わりに、「是《こ》れを玄徳《げんとく》と謂《い》う」といって結んだのは、「玄徳」は「無為自然の道」の別称で、この道に到達したことを表した語で、多くの章で「聖人」といっている語の先駆であると思われる。「民を愛し国を治むるに、能《よ》く知無からんか」の「無知」と、「明白四達するに、能《よ》く為《な》すこと無からんか」の「無為」が、景竜本では逆になっている。一般の諸書はこれを採っているが、王注で十分意味が通る。

本章と殆ど同じ文章が、五十一章に出ている。また六十五章にも「常に稽式《けいしき》を知る。是《こ》れを玄徳と謂う」とある。おそらくこの三章は、老子が「無為自然の道」を体得した直後にいったものではなかろうか。

○ 十一章 道の功用（2）〈無用の用〉◎

三十輻《ぷく》一轂《こく》を共にす。その無に当たりて車の用あり。埴《つち》を埏《こ》ねて以て器《うつわ》を為《つく》る。その無に当たりて器の用あり。戸牖《こゆう》を鑿《うが》ちて以て室《へや》を為《つく》る。その無に当たりて室の用あり。

故に有の以て利を為《な》すは、無の以て用を為《な》せばなり。


三十輻共《ニス》㆓一轂《ヲ》㆒。当《タリテ》㆓其《ノ》無《ニ》㆒、有《リ》㆓車之用㆒。

埏《ネテ》㆑埴《ヲ》以《テ》為《ル》㆑器《ヲ》。当《タリテ》㆓其《ノ》無《ニ》㆒、有《リ》㆓器之用㆒。鑿《チテ》㆓戸牖《ヲ》㆒以《テ》為《ル》㆑室《ヲ》。当《タリテ》㆓其《ノ》無《ニ》㆒、有《リ》㆓室之用㆒。

故《ニ》有之以《テ》為《スハ》㆑利《ヲ》、無之以《テ》為《セバナリ》㆑用《ヲ》。

語釈 輻＝車の矢。こしき（轂）と輪とを連ね支えるための、こしきから輪に向かって放射状に組まれている細い棒。轂＝こしき。車輪の中央にあって、軸を通して、矢（輻）の集まっている所。埴＝つち。ねば土。粘土。音ショク。埏＝こねる。音エン。戸牖＝入口の窓。牖は音ユウ。

全訳
三十本の矢は一つの轂《こしき》から出ている。その轂《こしき》と心棒の空間が車の働きをする。土をこねて器《うつわ》を作る。その空間が器の働きをする。入口と窓を掘って部屋を作る。その空間が部屋の働きをする。
だから有が役に立つのは、無が作用しているからだ。

三段的論法
第一段「三十輻共一轂」〜「有車之用」(主題)無の作用を車で説明。
第二段「埏埴以為器」〜「有室之用」(解説)
第一節「埏埴以為器」〜「有器之用」無の働きを器で説明。
第二節「鑿戸牖以為室」〜「有室之用」無の働きを室で説明。
第三段「故有之以為利、無之以為用」(結論)無の功用。
主題で、無の作用を車で規定し、解説で、器と室と二つの例を挙げ、無の作用を説明し、結論で、無の功用を述べた。

評論 卑近な例を挙げて、具体的に理解してもらおうとする老子の態度には、自分は仙人でなく俗界に住む凡人であることを知ってほしいという念願が表れている。「戸牖《こゆう》を鑿《うが》つ」というのは、当時は穴居生活であったことを示している。
荘子はこの章を原典として「無用の用」を説いた。「人は皆有用の用を知りて、無用の用を知ること莫《な》きなり」(『荘子』「人間世」)。

○ 十二章　道の功用(3)〈為腹〉

五色は人の目をして盲《もう》ならしめ、五音は人の耳をして聾《ろう》ならしめ、五味は人の口をして爽《たが》わしむ。馳騁田猟《ちていでんりょう》は、人の心をして狂を発せしめ、得難きの貨は、人の行いをして妨げしむ。是《ここ》を以て聖人は、腹を為《つく》りて目を為《つく》らず。故に彼を去りて此《これ》を取る。

五色ハ令メ二人ノ目ヲシテ盲ナラ一、五音ハ令メ二人ノ耳ヲシテ聾ナラ一、五味ハ令ム二人ノ口ヲシテ爽ハ一。
馳騁田猟ハ、令メ二人ノ心ヲシテ発セ一レ狂ヲ、難キ レ得之貨ハ、令ム二人ノ行ヒヲシテ妨ゲ一。
是ヲ以テ聖人ハ、為リテ レ腹ヲ不 レ為ラ レ目ヲ。故ニ去リテ レ彼ヲ取ル レ此ヲ。

語釈　**五色**＝青赤白黒黄。**五音**＝宮商角徴羽。**爽**＝たがう。**五味**＝酸鹹甜辛苦。「甜」は「甘」でも可。**馳騁**＝どちらも、馬を走らせる。乗馬。**田猟**＝かりをする。狩猟。**貨**＝たから（財）。金銭、品物など。すべて価値あるものの総称。**為**＝作る。

全訳　五色は人の目を盲にし、五音は人の耳を聾にし、五味は人の口を違《たが》わせる。

乗馬狩猟は人の心を狂わせ、得難い財貨《たから》は人の行いを妨げる。
こういうわけで聖人は、腹を作って目を作らない。だから目を捨てて腹を取る。

三段的論法

（第一段　主題を省略）

第二段「五色令人目盲」〜「令人行妨」（解説）

第一節「五色令人目盲」〜「五味令人口爽」　五官の中、「目・耳・口」を列挙し、盲・聾・味を説明。感覚的な面。

第二節「馳騁田猟」〜「令人行妨」　五官の「心」を馳騁田猟《ちていでんりょう》、財貨で説明。

第三段「是以聖人」〜「故去彼取此」（結論）　聖人は腹を作る。

主題の「腹を為《つく》る」を省略し、解説で、五官の誤りを指摘し、結論で、「腹を為《つく》る」と結んだ。

評論

五官には、目・耳・鼻・口・形（皮膚）（『荘子』「天運」）と、目・耳・鼻・口・心（『荀子』「正名」）の二説がある。老子はこの五官から、目・耳・口と、荀子の「心」を本章で採っている。では五官の「鼻」を採らなかったのは、どうしてであろうか。『荘子』の「天地第十二」には「五臭は鼻を薫し、困惾《そう》して顙《そう》に中《あ》たる」（五臭は鼻をつき、そのために鼻がつまって、額が痛くなる）とある。五臭は、羶《せん》（肉の生臭さ）・薫（くすぶる臭い）・香・鯹《せい》（魚の生臭さ）・腐の五つの臭い。

「腹を為《つく》る」は、「物を以て己を養う」と王注は解しているから、十分食事をして体をつくり、あわせて心をしっかり作ることをいっている。「目を為《つく》らず」は、感覚的なものに心を動かされないようにする。したがって、心身共に健全な体を作ることに専念することを願っている。これは「無為自然の道」に生きることに努めることを、暗々裡にいっているのである。

▲十三章　無身の功用

寵辱《ちょうじょく》には驚くが若《ごと》くし、大患を貴《たっと》ぶこと身の若《ごと》くす。

何をか寵辱には驚くが若くす、と謂《い》う。寵を下《げ》と為《な》す。これを得ては驚くが若くし、これを失いては驚くが若くす。是《こ》れを寵辱には驚くが若くすと謂う。

何をか大患を貴ぶこと身の若くす、と謂う。吾《われ》に大患有る所以《ゆえん》の者は、吾《われ》身を有とするが為《ため》なり。吾《われ》身を無にするに及びては、吾《われ》何の患《わずら》いか有らん。

故に貴びて身を以て天下を為《おさ》めば、若《すなわ》ち天下を寄すべく、愛して身を以て天下を為《おさ》めば、若《すなわ》ち天下を托《たく》すべし。


寵辱若驚、貴大患若身。

何謂寵辱若驚。寵為下。得之若驚、失之若驚。是謂寵辱若驚。

何ヲカ謂フ下貴ブコト二大患ヲ一若クスト上レ身ノ。吾所三以ノ有ル二大患一者ハ、為ナリ二吾有トスルガレ身ヲ。及ビテハ二吾無ニスルニレ身ヲ、吾有ラン二何ノ患ヒカ一。

故ニ貴ビテ以テレ身ヲ為メバ二天下ヲ一、若チ可レ寄ス二天下ヲ一、愛シテ以テレ身ヲ為メバ二天下ヲ一、若チ可レ托ス二天下ヲ一。

語釈 **寵辱**＝名誉と恥辱。栄辱に同じ。**大患**＝大きな災い。王注は「栄寵の属」という。名誉と寵愛。**寵為下**＝焦《しょう》竑《うこ》の『考異』にいう、寵（名誉）は下である。**吾身を有とするが為なり**＝自分の身があるからである。**吾身を無にするに及びては**＝自分が身を無にするようになると。王注は「これを自然に帰す」という。「自然に帰す」は「無為自然の道」に帰することである。**貴**＝王注「以てその身を易《か》えること無し」。何物も自分の身を変えない。「以」は「何物も」を指す。**愛**＝王注「物の以てその身を損ずべき無し」。何物も自分の身を損することはできない。**若**＝すなわち（乃）、かえって。逆接。

全訳 寵《ちょう》辱《じょく》には驚くようにし、栄《えい》寵《ちょう》を貴ぶことは自分の身のようにする。

どうして寵辱には驚くようにするという。寵は下である。なのに、これを得ると驚くようにし、これを失うと驚くようにする。このことを寵辱には驚くようにするという。

どうして栄寵を貴ぶのは身のようにするという。自分に栄寵のあるのは自分の身を有とするからだ。自分の身を無為自然の道に帰すと、何の煩《わずら》いがあろう。

だから、自分の身を貴んで身を以て世の中を治める時は、世の中を預けられる。自分の身を愛して身を以て世の中を治めれば、世の中を預けられる。

三段的論法

第一段「寵辱若驚、貴大患若身」（主題）寵辱と大患について。

第二段「何謂寵辱若驚」〜「吾有何患」（解説）

第一節「何謂寵辱若驚」〜「是謂寵辱若驚」寵辱について。

第二節「何謂貴大患」～「吾有何患」大患について。

第三段「故貴以身為天下」～「若可托天下」（結論）貴と愛との政治。

主題で、寵辱・大患の驚き貴ぶことを規定し、解説で、この両者の理由を述べ、結論で、貴と愛との政治、つまり無為自然の道に順って行う政治で結んだ。

評論 この章ほど、『老子』全八十一章中、分かりにくい章はない。それは「大患を貴《たっと》ぶこと身の若《ごと》くす」の解釈である。大患は「大きな災い」が文字通りの意である。それを自分の身のようにするとはどういうことなのか、読者は誰も疑うであろう。筆者もそうだった。どうして大患を貴ぶのかと、どう考えても納得できなかった。そこで王注を丹念に読み返し、初めて「大患」の意味が解決した。

王弼は「大患は栄寵の属なり」（大患は栄寵の仲間である）と注している。「栄寵」は名誉と寵愛であるから、世人一般は誰も望むところである。これを王弼は「大患」といっているのである。なぜそうなのか。「生の厚きは、必ず死に入るの地なり。故にこれを大患と謂《い》う」（生きよう生きようとする執着の厚いのは、必ず死に入る場所である。だから大患という）といっている。人間の生き方が「栄寵」に迷って、それをわが身に返す。だから「大患を身の若《ごと》くす」というのである。「栄寵」がわが身には「大患」なのである。

ここまで理解するには、随分時間がかかった。寝ても覚めても考えた。愚凡な自分にあきれ果てた。そのあげくやっとここまでたどり着いた。「大患を貴ぶ」の「貴ぶ」に引っかかって埒《らち》があかなかった。しかし老子の用語の厳選と、更にこれを注釈した王弼の鋭敏と閃《ひらめ》きに低頭した。

次に問題なのは、「吾《われ》身を無にするに及びては」に、王弼は「これを自然に帰するなり」と注していることである。この語は極めて重要な意味を持っていることに、先学は誰も触れていない。だから単に、「わが身を無いものとすると」といい、「有」に対する「無」に解している。ここはそういう意味ではない。「自然に帰する」は「無為自然の道に帰る」ことをいっているので、「わが身を無為自然の道に帰す」という意なのである。

更に大問題は、「貴《たっと》びて身を以て天下を為《おさ》めば」と「愛して身を以て天下を為《おさ》めば」の「貴」と「愛」の解釈である。このことについて王注は、「以てその身を易《か》えること無し、故に貴ぶというなり」「物の以てその身を存すべき無し。故に愛すというなり」といっている。何物によっても自分の身を変えないのが「貴ぶ」であり、何物でも自分の身を損することができないのを「愛す」というのである。この「何物」とは何か。王注は「寵辱栄患《ちょうじょくえいかん》」を挙げている。この「寵辱栄患」に因って、自分の身を「易《か》えなく」「損することがない」ことが「貴ぶ」と「愛す」なのである。それはどうしてか。「無為自然の道」に順っているからであるという。「無為自然の道」に順った生活をしていると、こういう「天下を寄すべき」「天下を托すべき」政治ができるのであると結んでいる。故に「貴ぶ」「愛す」は「無為自然の道」をいっているのである。したがって、宇恵訓が「以てその身を易《やす》くすること無し」と訓んでいるが、「易《やす》く」ではなく「易《か》える」と訓んだ方が適切であり、又「貴」と「愛」を「貴ぶに」「愛するに」と送っているが、「貴びて」「愛して」と送った方がよい（素軒注）。

この章は、老子が単に「無為自然の道」を寵辱・大患を以て説明しただけのものでなく、老子自らの体認の証《あかし》をいったのである。だから人の心を打つ迫力がある。結論は政治についての「無為自然の道」の必須なことを力説したもので、老子の政治にかかわっていたことを示した語である。でなければ空論に過ぎなくなる。

○ 十四章　道の本体（2）〈道紀〉

これを視《み》れども見えず。名づけて夷《い》と曰《い》う。これを聴けども聞こえず。名づけて希《き》と曰う。これを搏《とら》えども得ず。名づけて微《び》と曰う。この三つの者は、致詰《ちきつ》すべからず。故に混じて一と為《な》す。

その上《うえ》は皦《あき》らかならず。その下は昧《くら》からず。縄《じょう》縄《じょう》として名づくべからず。無物に復帰す。是《こ》れを無状の状、無物の象《しょう》と謂《い》う。是《こ》れを惚恍《こっこう》と謂う。

これを迎うれども、その首《こうべ》を見ず。これに随えどもその後《しりえ》を見ず。古《いにしえ》の道を執《と》りて、以て今の有を御《ぎょ》す。

能《よ》く古始《こし》を知る。是《こ》れを道紀《どうき》と謂う。

視《レドモ》レ之《ヲ》不レ見《エ》。名《ヅケテ》曰《フ》レ夷。聴《ケドモ》レ之《ヲ》不レ聞《コエ》。名《ヅケテ》曰《フ》レ希。搏《ヘドモ》レ之《ヲ》不レ得。名《ヅケテ》曰《フ》レ微。
此《ノ》三《ツノ》者《ハ》、不レ可《カラ》二致詰《ス》一。故《ニ》混《ジテ》而為《ス》レ一。
其《ノ》上《ハ》不レ皦《ラカナラ》。其《ノ》下《ハ》不レ昧《カラ》。縄縄《トシテ》不レ可《カラ》レ名《ヅク》。復帰《ス》二於無物《ニ》一。是《レヲ》謂《フ》二無状之状、
無物之象《ト》一。是《レヲ》謂《フ》二惚恍《ト》一。
迎《フレドモ》レ之《ヲ》不レ見二其《ノ》首《ヲ》一。随《ヘドモ》レ之《ニ》不レ見二其《ノ》後《ヲ》一。執《リテ》二古之道《ヲ》一、以《テ》御《ス》二今之有《ヲ》一。
能《ク》知《ル》二古始《ヲ》一。是《レヲ》謂《フ》二道紀《ト》一。

語釈 夷＝たいら（平）。希＝希疏（かすかでわからない）。微＝細い。致詰＝つきつめる。徹底的に究明する。皦＝音キョウ。明らか。縄縄＝涯際のないさま（梁帝）。果てしない。惚恍＝惚は、うっとりとする、ぼんやりする、ほのか。恍は、かすか、ほのか、うっとりする。したがって「惚恍」は、ぼんやりしてはっきりしないさま。『経典釈文』（唐、陸徳明撰）は恍を怳に改めているが、意味は同じ。御＝つかさどる。すべる（統）。古始＝万物の始源。道紀＝道の規律。本質。

全訳 視《み》ても見えない。だから夷《い》という。聴いても聞こえない。だから希《き》という。捉えても捉えられない。だから微という。この三つは突き詰めてはいけない。だから混じて一つにする。
上ははっきりせず、下は暗くない。果てしなくて名づけようがない。とどのつまりは無に帰る。これを姿なき姿、形なき形、恍惚《こうこつ》という。

迎えても頭《こうべ》を見ず、付いていっても後《しりえ》を見ない。大昔からの道をしっかり握って、今日の万物を取り仕切る。

最も古い始めが分かる。これを道紀《どうき》という。

三段的論法

第一段「視之不見」～「故混而為一」（主題）無為自然の道を「一」と名づけた理由。

第二段「其上不皦」～「以御今之有」（解説）

第一節「其上不皦」～「是謂惚恍」無為自然の道を惚恍という理由。

第二節「迎之不見其首」～「以御今之有」無為自然の道の功用。

第三段「能知古始。是謂道紀」（結論）無為自然の道と道紀。

主題で、夷・希・微を以て無為自然の道を説明しても分からない、だから混じて一にすると規定し、解説で、この道を「惚恍」というと説明し、その働きを述べ、結論で、「道紀」というと結んだ。

評論　この章も解釈に問題が多い。先ず第一段の「夷・希・微」であるが、「夷」を「易」（形がない）、「幾」（形のはっきりしないさま、混沌）など、多様に解されているが、『釈文』は「顧懽《こかん》云う、平らかなり」といって、「たいら」に解している。「平」は凹凸なく、果てしなく広いと、見分けがつかないから、何もない「無」に近いので、「夷」を「平」と注したものと考えられる。范応《はんおう》元《げん》本は「幾」と訂正し、島邦男本『老子校正』も、これを採って、『王本改正本』としているが、この場合は、「夷」のままで意味が通る。「微」は『釈文』は「細なり」と注している。これより考えると、「搏」は「打つ」の意ではなく、「捉える」の意の方が、この場合しっくりする。

また第二段第一節の「縄縄」は、「縄縄兮」となっている本もあるが、原本通りとした。『釈文』

は、梁帝は「涯際なき貌《かたち》」とし、顧懽《こかん》は「窮まり無く序すべからず」（きわまりなく述べることができない）としているが、梁帝を採った。「絶えることなく長々と続く」という意味ではない。

第三段結論の「能知古始」の「能」を「以」に改めている本もあるが、定本通りにした。島注は、王注に「以て古始を知るべきなり」（可以知古始也）とあることから、「以」に改定したが、「能」と「可以」の意味は同じである。

要するにこの章は、道の本体は「夷・希・微」を以てしても表せないから、「一」とした。「道」は無為自然の道であるが、今の「有」の事を御している。別称すれば、「道紀」であるといっているのである。

○　十五章　消極の道〈不新成〉◎

古《いにしえ》の善《よ》く士為《た》る者は、微妙玄通、深くして識《し》るべからず。それ唯《た》だ識るべからず。故に強《し》いてこれを容《かたち》に為《な》せば、予《よ》として冬《ふゆ》川を渉《わた》るが若《ごと》く、猶《ゆう》として四隣を畏《おそ》るるが若く、儼《げん》としてそれ客《かく》の若く、渙《かん》として氷の将《まさ》に釈《と》けんとするが若く、敦《とん》としてそれ樸《ぼく》の若く、曠《こう》としてそれ谷の若く、混としてそれ濁れるが若し。

孰《たれ》か能《よ》く濁りて以てこれを静かにして、徐《おもむろ》に清《す》ません。孰《たれ》か能く安らかにして以て久しくこれを動かして、徐《おもむろ》に生ぜん。
この道を保つ者は、盈《み》つるを欲せず。それ唯《た》だ盈《み》たさず。故に能く蔽《おお》いて新たに成らず。

古之善為士者、微妙玄通、深不可識。夫唯不可識。故強為之容、予兮若冬渉川、猶兮若畏四隣、儼兮其若客、渙兮若氷之将釈、敦兮其若樸、曠兮其若谷、混兮其若濁。孰能濁以静之、徐清。孰能安以久、動之徐生。保此道者、不欲盈。夫唯不盈。故能蔽不新成。

語釈 微妙＝何とも言い表し難く細かい趣。デリケート。玄通＝奥深く通じている。猶兮＝ためらうさま。四隣＝四方の隣国。儼兮＝おごそかなさま。渙兮＝水の流れのさかんなさま。敦兮＝大きいさま。樸＝切り出したままの材木。あらき（荒木）。徐＝慎重なこと。王注「徐とは、詳慎なり」。「ゆっくりと」ではない。盈＝音エイ。いっぱいになる。唯不＝全く…でない。蔽＝音ヘイ。おおう。王注「蔽は、覆蓋なり」。覆いかぶせる。「蔽」を、「敝」又は「弊」に通じ、やぶれると解している書が多い。

全訳 昔のすぐれた男児は、微妙な無為自然の道の奥深いところに通じている。その深さは測り知れない。全く測り知ることができない。

だから、強いてその姿を形容すると、びくびくと冬川を渡るようであり、びくびくと四方の敵を恐れるようであり、厳めしい客のようであり、盛んに氷が解けるようであり、素朴な樸《ぼく》のようであり、広くむなしい谷のようであり、濁って濁水のようである。

いったい誰が濁った水を静かにして、慎重に澄ませられるか。いったい誰が安らかで久しく、活動して慎重に生長させられるか。

この無為自然の道を守る者は、いっぱいになることを欲しない。全くいっぱいにならない。だから、そのままで新しく作らない。

三段的論法　第一段　「古之善為士者」〜「夫唯不可識」（主題）　善士である者は、微妙玄通で、測り知ることができない。

第二段　「故強為之容」〜「動之徐生」（解説）

第一節　「故強為之容」〜「混兮其若濁」　善士の様子。川・敵・客・氷・樸・谷等を以て形容した。

第二節　「孰能濁以静之」〜「動之徐生」　無為自然の道の功用。

第三段　「保此道者」〜「故能蔽不新成」（結論）　満たないから、新しく作らない。

主題で、昔の善士の無為自然の道を体得した様子を規定し、解説で、その様子を川・敵・客・樸・谷等の例を挙げて示し、無為自然の道の功用をいい、結論で、この道は永久に新造する必要はないと結んだ。

評論　この章にも問題がある。第一段の「微妙玄通」の語は、「無為自然の道」の別称であり、第二段の「為之容」の語は、多く「これが容《かたち》を為《な》す。」と句点にしているが、次の語を起こす句であるから、「これが容《かたち》を為《な》せば、」と訓じた方が、分かりやすい。

第二段第一節は、「無為自然の道」を体得した人を、人間社会の卑近な例で説明したもので、意識的な意思が入っていない。すべて無為自然の状態なのである。これに儒教的な内容を加えるのは、「不自然な解釈」である。この点を王注はよく見抜いている。

しかもこの例は、老子自らの見聞と体験をいったもので、決して架空の言でないと見るべきである。この観点から、老子の人間像を仮想すると、老子はやはり、人間社会の中に生活した凡人であって、決して仙人ではなかったのである。ここには「聖人」の語がないのは、老子は自らまだ聖人であることを意識する以前であったからであろう。

第二段第二節は、大きな問題が二つある。一つは「徐」の解釈であり、一つは「蔽」の解釈である。この二点については、語釈にも触れているが、「徐」を王注は「詳慎」と注していること、これは重要な意味を持っている。一般の諸書は、「おもむろに。ゆっくりと」等と解しているが、王注が「詳慎」つまり「慎重に」と解しているのは、濁水が澄む、物が活動して成長を遂げるさまは、生きる生命力をこの語で表したもので、何の力も借りることなく、自らの生命力で営んでいる自然の姿をいったものである。だから「おもむろに」とか「ゆっくりと」などの表現では、単に状態をいったのに過ぎないと、王弼は感得したのである。

次に「蔽」が、「敝・弊」の意味に解されるのは、「盈《み》たさず」の語に沿わない。「不㆓新タニ成ラ㆒」の「不」を、篆文《てんぶん》の「不」の形に近いので、「而」の誤りとするという説もあるが、王注本のままの方が、自然ではなかろうか。「破れて新しく作る」と解する説は、「無為自然の道」から不適当である。

△ 十六章　虚静の道〈道乃ち久〉

虚を極に致し、静を篤《あつ》きに守れば、万物並び作《おこ》るも、吾は以てその復《かえ》るを観《み》る。それ物の芸芸《うんうん》たるも、各《おの》おのその根《こん》に復帰す。根に帰るを静と曰《い》う。これを復命と謂《い》う。復命を常と曰う。常を知るを明と曰う。常を知らざれば、妄作《もうさく》して凶なり。常を知れば容《い》るるなり。容るれば乃《すなわ》ち公なり。公なれば乃ち王なり。王なれば乃ち天なり。天なれば乃ち道なり。道なれば乃ち久し。身を没するまで殆《あや》うからず。

致虚極、守静篤、万物並作、吾以観其復。

夫物芸芸、各復帰其根。帰根曰静。是謂復命。復命曰常。知常曰

明。不知常、妄作凶。知常容。容乃公。公乃王。王乃天。天乃

道。

道ナレバ乃チ久シ。没スルマデ身ヲ不レ殆フカラ。

語釈 芸芸＝草木が盛んに茂るさま。復命＝天から与えられた本性に帰る。常＝無為自然の道をいう。明＝英知。妄作＝でたらめ。みだりにする。妄動。容＝包通（つつみ通す）する。公＝公平。

全訳 虚を極め尽くし、静をありのままに守ると、万物は一斉に活動するが、わたしは虚静に帰ることが分かる。

そもそも万物は盛んに繁茂するが、めいめいのその根源に帰る。根源に帰る、それを静という。これを復命という。復命を常という。常を知るを明知という。常を知らないとでたらめにやって不吉となる。常を知ると包通が果てしない。包通が果てしないと無私公平になる。無私公平になると周善（全き善）の王となる。周善の王になると天と同じになる。天と同じになると虚無の道となる。虚無の道を窮め尽くすと極限のない絶対無となる。

絶対無は何物も犯せない。死ぬまで安全である。

三段的論法 第一段「致虚極」～「吾以観其復」（主題） 致極・守静の極篤真正が、万物の復を観る。

第二段「夫物芸芸」～「天乃道」（解説） 万物が根源に復帰し、ここから静・復命・常・明・凶・容・公・王・天・道となる。

第三段「道乃久。没身不殆」（結論） 無為自然の道の功用。

主題で、無為自然の道の別称「虚・静」の極篤真正が、万物の復を観ると規定し、解説で、根源に復帰し、静から道に到る変化を説明し、結論で、無為自然の道の功用で結んだ。

評論 本章で大きな問題は、冒頭の「虚を極に致し、静を篤《あつ》きに守れば」を独立句と見るか、「吾は以てその復《かえ》るを観《み》る」の条件句と見るかである。一般の諸書は前者であるが、王注の宇恵訓は後者である。したがって「虚を致すこと極まり、静を守ること篤し」と訓むのではなく、「虚を極に致し、静を篤きに守れば」と条件句に訓む、王注に従った宇恵訓の方が適切である。

この場合、問題は王注の「極篤」の言葉である。「極」はこの上ない、「篤」は専らという意味であるから、この上なく専らと解すれば、「虚を致すこと極まり」と同じ意味となる。又「篤」は、王注で「真正」といって、「篤」を具体的にいったものである。したがって、「静を守ること篤し」と同じ意味となる。よって「極篤・真正」は、絶対静、換言すれば「無為自然の道」をいっていることになる。

第二段は、草木の繁茂凋落《ちょうらく》を以て、無為自然の道を説いている。したがって「根」は直接には草木の「根」を指しているが、間接には宇宙の「根源」つまり無為自然の道を指している。万物の流転を人生の流転に結び、これが「無為自然の道」であるといっている。「根源」は老子の「無」で、それは「静」である。この「静」に復るのが復命で、「復命」は「性命の常を得る」から、「常」といい、「常」は「常の道」の意で、恒久不変の無為自然の道を指し、この道は総て包通し古今を通じているから、「容」とし、この「容」は「無私公平」であるから「公」となり、「公」は更に周善である「王」となり、「王」は「天」と同じで、無為自然の道となる。

この一連の移行は、自然の真理であり、実に理路整然としている。老子は哲学的思考の才器の持ち主であるだけでなく、極めて理論的でもある証左であり、無為自然の道を、理論的に整然明瞭に述べた名文で、蓋し『老子』中の圧巻である。

「常を知るを明と曰《い》う」の「常」は、万物の運動と変化の中の不変の規律を指し、張岱年《ちょうたいねん》は「変化は根本的事実であるが、この中に条理がある。それは紊乱《ぶんらん》せず、不易《ふえき》の規則である。変化の不易の則、これが常で、変中の不変の意味をいい、この章の観念は、初めて老子によって言い出された」という。王注は「常に不偏不彰、皦昧《きょうまい》の状、温涼の象《しょう》無く、万物を包通して容《い》れざる所無し」（常にかたよらず彰《あき》らかでなく、明るい暗いの状態、温かい涼しいの象がなく、万物を包み通して容れない所がない）といっているが、いずれも「無為自然の道」を本質と状態からいったもので、「常」は、「無為自然の道」の別称であるということができる。これを認識することが、「明」である。したがって「明」は、明らかな知恵、明知・英知である。

人間にはこの「明」すなわち明知・英知があるから、「無為自然の道」の真意が分かり、自己の判断、行為を誤りなく現実に現すことができるのである。西洋の「理性」は東洋では「明」である。

○ 十七章　理想の政治（3）〈大上〉◎

大上《たいじょう》は下《しも》これ有ることを知る。

その次は親しみてこれを誉む。その次はこれを畏《おそ》る。その次はこれを侮《あなど》る。

信足らざれば、信ぜざること有り。

悠としてそれ言を貴《おも》くすれば、功成り事遂ぐるも、百姓《ひゃくせい》は皆我が自然なりと謂《い》う。


大上下知有之。

其次親而誉之。其次畏之。其次侮之。

信不足焉、有不信焉。

悠兮其貴言、功成事遂、百姓皆謂我自然。

語釈 **大上**＝最上のもの。至上。**信**＝誠実。真実。まこと（誠）。うそをつかない。言行一致。**悠兮**＝悠然。ゆったりとして自然にまかせるさま。**貴**＝重くする。「重之曰貴」（『辞海』）。むやみにしゃべらない。慎重にする。

全訳 最上の政治は、民がいるなあと分かるだけ。

その次は親しんで誉める。更にその次は権威を畏《おそ》れる。更にその次は侮《あなど》る。

為政者に真実が足りないと、民は信頼しない。

ゆったりとして言葉を慎むと物事はできあがるが、民は皆どうしてそうなのか分からないという。

三段的論法 第一段「大上下知有之」（主題）最上の政治。
第二段「其次親而誉之」～「有不信焉」（解説）
第一節「其次親而誉之」～「其次侮之」最上の政治以下の政治。

第二節「信不足焉、有不信焉」政治は信が第一。

第三段「悠兮其貴言」～「百姓皆謂我自然」（結論）最上の政治と民。

主題で、最上の政治を規定し、解説で、これ以下の政治を列挙し、民には信が第一であると述べ、結論で、最上の政治と民で結んだ。

評論 「大上」は大人のことで、大人は無為自然の道を体得した人、つまり聖人のことであるが、聖人といわないのは、政治には「大上」が民に対して上下の関係から適切なので、用いたのである。

問題は、第二段第二節の「信足らざれば、信ぜざること有り」は、為政者の政治の態度をいったもので、一般の民ではないということである。

ではどうしてここにこの言葉を持ってきたのかというと、「大上は……」から「その次はこれを侮る」までは、為政者の政治の在り方を述べ、ここで真の政治の在り方をいい、「悠としてそれ言を貴《おも》くすれば、功成り事遂ぐるも、百姓《ひゃくせい》は皆我が自然なりと謂う」で、真の政治の功用を説いたのである。

「貴」の訓は、一般の諸書は「たっとぶ（尊）」と解しているが、宇恵訓は、「おもんずる（重）」と訓んでいる。この方が分かりやすい。軽率にしない、慎重にする意である。

「我が自然なりと謂《い》う」を王弼は、「故に功成り事遂ぐるも、百姓《ひゃくせい》はその然《しか》る所以《ゆえん》を知らざるなり」（だから功が成り事を遂げても、百姓はそうなった理由が分からないのである）と注している。

「信不足焉、有不信焉」（信足らざれば、信ぜざること有り）の「有不信焉」の訓は、「信ぜられざる有り」と訓んでもよい。

本章は「無為自然の道」に順ってする政治が、為政者の理想の政治であることを力説している。これは中国古代の尭《ぎょう》時代に既に行われ、「鼓腹撃壌《こふくげきじょう》」の逸話を想起し、こうした時代に復帰することを願望した文で、老子の理想の政治観を示したものである。腹鼓《はらつづみ》を打ち足で地面を打つ老人は、「日出《い》でて作《な》し、日入りて息《いこ》う。井《いど》を鑿《うが》って飲み、田を耕して食らう。帝力何ぞ我に有らんや（天子の力など、われわれには何の関係もない）」と歌った（『帝天世記』『十八史略』）。

○ 十八章　大道と仁義

> 大道廃《たいどうすた》れて仁義有り。
> 智慧出《い》でて大偽《たいぎ》有り。
> 六親《りくしん》和せずして孝慈《こうじ》有り。国家昏乱《こんらん》して忠臣有り。

大道廃レテ有リ二仁義一。（義●去声寘）

智慧出《デテ》有《リ》二大偽一。●眞
六親不レ《シテ》和《セ》有《リ》二孝慈一。上平支　国家昏乱《シテ》有《リ》二忠臣一。上平真

語釈　大道＝無為自然の道の大道。大偽＝大きないつわり。大きな人為。六親＝父子兄弟夫婦。昏乱＝乱れる。

全訳　無為自然の大道《たいどう》が廃《すた》れて仁や義が出る。

知恵が出ると大偽《たいぎ》が生じる。

六親《りくしん》が不仲で孝慈《こうじ》があり、国家が混乱して忠臣が出る。


変形三段的論法　第一段「大道廃有仁義」（主題）無為自然の大道が廃れて、仁義がある。

第二段「智慧出有大偽」〜「国家昏乱有忠臣」（解説）

第一節「智慧出有大偽」知恵が出ると、大偽が生じる。

第二節「六親不和有孝慈。国家昏乱有忠臣」孝慈・忠臣が出る理由。

第三段（結論）大道の必要を暗黙裡に理解させる。

主題で、大道と仁義を規定し、解説で、知恵と六親《りくしん》間を説明し、結論で、大道の必要を暗示した。

評論　ここにいう「大道」は、いわゆる儒教の「大道」ではない。老子の主張する「無為自然」の大道であると、王弼は「無為の事」と注している。ここに着目すれば、この章は逆説を以て「無為自然の道」を強調していることが分かる。儒学者はとかく、儒教的見地に立ってものを考える通弊がある。したがってあくまでも、この衣を脱いで、老子の思想の根底である「無為自然の道」を脳裡に置いて発想することが肝腎である。

○ 十九章　素朴・寡欲

聖を絶ち智を棄《す》つれば、民の利百倍せん。
仁を絶ち義を棄つれば、民は孝慈《こうじ》に復せん。
功を絶ち利を棄つれば、盗賊有ること無からん。
この三つの者は、以為《おもう》に文なれども足らず。故に属する所有らしむ。
素《そ》を見《あらわ》し樸《ぼく》を抱《いだ》き、私《わたくし》を少なくして欲を寡《すく》なくす。

絶レ聖棄レ智、民利百倍。
絶レ仁棄レ義、民復二孝慈一。
絶レ功棄レ利、盗賊無レ有。
此三者、以為文不レ足。故令レ有レ所レ属。
見レ素抱レ樸、少レ私寡レ欲。

語釈 聖智＝すぐれた知恵。功利＝功績と利得。てがらと利益。以為＝オモウニ、オモエラク。思うには。見素抱樸＝素樸《そぼく》。飾り気がなくありのまま。素は繭から取ったままの糸。しろぎぬ。「しろい、もと」の意。飾り気がない生地。きじのまま。ありのまま。樸はあらき。切り出したままの材木。加工しない材料。きじのまま。

全訳 聖智を絶ち棄てると、民の利益は百倍になろう。
仁義を絶ち棄てると、民は孝慈に戻るであろう。
功利を絶ち棄てると、盗賊は無くなるだろう。
この三つのものは、思うに文章ではあるが表現が十分でない。だから属する所をあるようにする。
それは素朴と寡欲だ。

変形三段的論法
第一段 （主題）（省略）
第二段 「絶聖棄智」～「故令有所属」（解説）
第一節 「絶聖棄智」から「盗賊無有」 聖智・仁義・功利の絶棄。
第二節 「此三者」～「故令有所属」 三者は属する所が必要。
第三段 「見素抱樸、少私寡欲」（結論） 素朴・寡欲に属する。

主題は、無為自然の道の功用を省略し、解説で、聖智・仁義・功利の絶棄と、三者の所属を説き、結論で、素朴・寡欲にこの三者は属すると結んだ。

評論 本章は分かりにくい表現である。それは「この三者」が、聖智・仁義・功利の三つなのか、「聖を絶ち智を棄つれば」「仁を絶ち義を棄つれば」「功を絶ち利を棄つれば」の三つの句なのかの判断のあいまいさからである。諸橋轍次・蔣錫昌《しょうしゃくしょう》は前者、福永光司・金谷治・呉静宇《ごせいう》は後者である。王注は前者で、それは「文なれども足らず」の句からである。王注は、「而《しか》るに直ちに絶つと云うは、文なれども甚だ足らず」（しかるに直ちに絶つというのは、文であるが甚だ表現が足りない）と注している。この句の「絶」の動詞が重要な働きを占めている。「聖智・仁義・功利」の語だけで「絶」と直にいうのは、文章表現として不十分で、どうして「絶つ」のかわからない。だから属する所が必要である。それは「素朴・寡欲」であるというのである。

「文」は、ことばと文章の意があるが、王注は「聖智・仁義・功利」のことばに取っている。それは「絶聖棄智」は「絶棄聖智」の互文であるから、「絶つ」といって「棄」を省略したのである。

聖智・仁義・功利について王注は、「聖智は、才の善なり。仁義は、人の善なり。功利は、用（働き）の善なり」と注し、聖智は才能、仁義は人、功利は作用の善であるといっている。

また、馬叙倫・高亨・蔣錫昌等は、本文の「少私寡欲」の次に二十章の「絶学無憂」（学を絶てば憂いなし）を置くことを主張しているが、本章は、「無為自然の道」の具現の「素朴・寡欲」をいうために、「この三者」を前に出したと見るべきであろう。「素朴・寡欲」は無為自然の範疇にあるからである。

△　二十章　道の本体（3）〈未央〉

学を絶てば憂い無し。

唯《い》と阿《あ》と、相去ること幾何《いくばく》ぞ。善と悪と、相去ること何若《いかん》。人の畏《おそ》るる所は、畏れざるべからず。

荒《こう》としてそれ未《いま》だ央《つ》きざるかな。

衆人は熙熙《きき》として、太牢《たいろう》を享《う》くるが如く、春台《はるうてな》に登るが如し。我は独り泊《はく》としてそれ未《いま》だ兆《きざ》さず。嬰児《えいじ》の未だ孩《がい》せざるが如し。儽儽《るいるい》として帰する所無きが若《ごと》し。

衆人は皆余り有り。而《しか》るに我は独り遺《わす》るるが若《ごと》し。我は愚人の心なるかな。沌沌《とんとん》たり。

俗人は昭昭《しょうしょう》たり。我は独り昏昏《こんこん》たり。俗人は察察《さっさつ》たり。我は独り悶悶《もんもん》たり。澹《たん》としてそれ海の若《ごと》く、飂《りょう》として止《とど》まる所無きが若《ごと》し。

衆人は皆以《もち》うる有り。而《しか》るに我は独り頑《がん》にして鄙《ひ》に似たり。

我は独り人に異ならんと欲す。而《しこう》して母に食《やしな》わるるを貴《たっと》ぶ。

絶《テバ》レ学《ヲ》無《シ》レ憂《ヒ》。

唯《ト》之与レ阿、相去《ルコト》幾何《ゾ》。善《ト》之与レ悪、相去《ルコト》何若。人之所《ハ》レ畏《ルル》、不レ可《カラ》レ不《ル》レ畏《レ》。

荒《トシテ》兮其《レ》未《ダ》《ザル》レ央《キ》哉《かな》。

衆人《ハ》熙熙《トシテ》、如《ク》レ享《クルガ》二太牢《ヲ》一、如《シ》二春登《ルガ》一レ台《ニ》。我《ハ》独《リ》泊《トシテ》兮其《レ》未《ダ》《ズ》レ兆《サ》。如《シ》二嬰児之未《ダ》《ザルガ》一レ孩《セ》。儽儽《トシテ》兮若《シ》レ無《キガ》レ所レ帰《スル》。

衆人《ハ》皆有《リ》レ余《リ》。而《ルニ》我《ハ》独《リ》若《シ》レ遺《ルルガ》。我《ハ》愚人之心也《ル》哉《かな》。沌沌《タリ》兮。

俗人《ハ》昭昭《タリ》。我《ハ》独《リ》昏昏《タリ》。俗人《ハ》察察《タリ》。我《ハ》独《リ》悶悶《タリ》。澹《トシテ》兮其《レ》若《ク》レ海《ノ》、飂《トシテ》兮若《シ》レ無《キガ》レ所レ止《マル》。

衆人《ハ》皆有《リ》レ以《フル》。而《ルニ》我《ハ》独《リ》頑《ニシテ》似《タリ》レ鄙《ニ》。

我《ハ》独《リ》欲《ス》レ異《ナラント》二於人《ニ》一。而《シテ》貴《ブ》レ食《ハルルヲ》レ母《ニ》。

語釈 唯＝丁寧な返事。はい。阿＝生半可な返事。ああ、うう等。幾何＝どのくらい。何若＝状態・程度をたずねる。何如と同じ。どのようか。荒兮＝荒は広漠。兮は語調を整える語。央＝尽きる。沌沌＝おろかで分別のないさま。沌は万物がまだ形が無く、もやもやしているさま。昏昏＝暗いさま。察察＝細かいことまで明らかにすること。悶悶＝道理に暗いさま。澹兮＝静かなさま。やすらか（安）。澹然。飂兮＝風の吹くさま。高いところを吹く。むなしいさま。以＝もちいる（用）。鄙＝おろか。食＝やしなう（養）。

全訳 学問を絶つと憂いがない。

はいとああはいくら違うか、善いと悪いはいくら違うか。だから人が恐れるのは、私も恐れる。私は果てしなく広く、限りがないなあ。

多くの人は和《やわ》らぎ楽しく盛大なご馳走を頂くように、春、高台に登って素晴らしい景色を眺めるように。だけど私だけはむなしくて、まだ名も気配もなく、赤ん坊がまだ笑わないのと同じようだ。疲れ果てて元気なく、喪家《そうか》の犬が帰る所がないようだ。

多くの人は、誰も思いでいっぱいになっているが、わたしだけはそれがないようだ。わたしは愚かな人の心だなあ。分別なく名もない。

世間の人は耀《かがや》いている。わたしだけは暗いようだ。世間の人は何でも明るい。わたしだけは道理に暗く、静かな海のようで、むなしくて捉えどころがない。

多くの人は誰も役に立ちたいと思う。わたしだけは愚かで卑しいようだ。

だがわたしだけは人と違う。天地の母に養われるのを貴んでいる。

三段的論法

第一段「絶学無憂」（主題）学問を絶つと憂いがない。

第二段「唯之与阿」〜「而我独頑似鄙」（解説）

第一節「唯之与阿」〜「不可不畏」唯・阿と善・悪は近い。だから人の畏れるところは畏れる。

第二節「荒兮其未央哉」わたしの道。

第三節「衆人熙熙」〜「儽儽兮若無所帰」わたしと衆人の心の違い。

第四節「衆人皆有余」〜「沌沌兮」わたしと衆人の生き方の違い。

第五節「俗人昭昭」〜「而我独頑似鄙」わたしと世間の人との違い。

第三段「我独欲異於人。而貴食母」（結論）衆人とわたしの根本的違い。

主題で、学の不必要を規定し、解説で、その例を列挙し、結論で、衆人とわたしの根本的違いで結んだ。

評論 本章の「我」は、老子自身を指し、世人と生き方が根本的に相違していることを、本章は具体的に説明している。しかし諸書における本章の解釈は多岐で、王注の真意を伝えている書は一書も見当たらない。順を追って問題点を指摘しよう。

まず「人の畏《おそ》るる所は、畏れざるべからず」であるが、この文は前の文の「唯《い》と阿《あ》と、相去ること幾何《いくばく》ぞ。善と悪と、相去ること何若《いかん》」（はいとああはどのくらい離れているか。善と悪とは離れていることがどのくらいか）を受けているのに、こう解釈している書は一書もない。王注は「無欲で十分ならば、何の増すことを求めようか。知らないで適中するならば、何の進むことを求めようか」と「無欲不知」の必要をいい、これを次のような例を挙げて説明している。

「燕や雀にも仲間がある。鳩やドバトにも仲間がある。寒い村里の民は、必ず毛織物や革ごろもを知っている。これは自然であって、それはもはや十分である。これを増すと気にかける。だからガンの足を更に長く続けるのは、鶴の脛《すね》を切って短くするのと同じである。誉められて更にすることを恐れるのは、刑を恐れるのと同じである。唯阿《いあ》・善悪は、互いに離れているのはどのくらいであろうか。だから人が畏《おそ》れる所は、自分もまたこれを畏れ、これまでこれを畏れることを頼りにして、仕事をしたことはない」といっている。したがって前者と後者の関係は、反対でなくして同類である。だから「畏れるのだ」といっている。こう解釈することによって、次の「荒《こう》としてそれ未《いま》だ央《っ》きざるかな」の文が、何をいったものであるか、明瞭になる。

次は「荒としてそれ未だ央きざるかな」であるが、この文の解釈は十人十色で、全くまちまちである。この文を前の文に続けて一節としているのが殆どである。そこで次に六人の大家の解釈を挙げ、解釈の甚だしいのを見てみよう。

武内義雄「尤《もっと》も世人の畏るゝところは我も畏れてつゝしまねばならないが、さりとて煩雑なよしあしの苦労をするとすれば、茫としてはてしのない話であるまいか。我は寧ろ世俗と離れて己がじし、振舞つて行かう」（『老子の研究』二三五頁）。

諸橋轍次「世の一般の人々がおそれるところは、やはりおそれなければならない。何となれば、世間の事というものは、まことに荒漠としてその終極を突き止め得ないものであるからである」（『老子の講義』四四頁）。

福永光司「この一句は、それ以上のごてごてとした学問的な詮索は、人間を再現のない観念の泥沼の中に追い込んで、いたずらに苦しめ悲しませ迷わせるだけの無益な彷徨《ほうこう》である」（『老子』一一七頁）。

金谷治「人々の慎しむところは、こちらも慎しまないわけにはいかないが、さても茫漠としたひろがりで、どこまで慎しんだらよいか果てしもないことだ」（『老子』八九頁）。

任継愈《にんけいゆ》「人のおそれることは、おそれないわけにはいかないが、遠いむかしからそうしてきたのだが、こうした気風はいつやむのやら」（『老子』七四頁。坂出祥伸訳）。

蒋錫昌《しょうしゃくしょう》「聖人の態度は、形の名づける無く、情の覩《み》るべきが無い。広大微妙で遠く涯際がないのである」(『老子校詁』)。

以上六氏の訳は、全く符合するところがない。身勝手な解釈である。「荒としてそれ未だ央《つ》きざるかな」の文は、前の文の王注を熟読すれば、自《おの》ずから「無為自然の道」をいっていることがはっきり分かる。この文は完全に独立している文で、「無為自然の道」をいったものである。蒋錫昌は「聖人の態度」といっているが、これは「我」を聖人に取っているからで、間接には老子自身となる。

それでは何故ここに、この文を置いたか。それは次の「衆人は熙熙《きき》として」以下を起こすためである。それはここに王弼が「俗と相返るの遠きを歎くなり」(世俗の人と相反することが遠いのを嘆いたのである)と注している所から明らかである。この「相返る」の語が重要な意味を持っている。この語は反対になっている意であるから、「無為自然の道」が俗人の生き方と反対になっていることが遠いのを嘆いたのである。したがって本文の「哉」は詠嘆である。

次の大きな問題は、「澹《たん》としてそれ海の若《ごと》く、飂《りょう》として止《とど》まる所無きが若《ごと》し」である。前六氏のこの文の訳を見てみよう。

武内義雄「大海原の面の静かなる如く、又行く手定めずただようように似た安静と自由とがある」(同、二三六頁)。

諸橋轍次「澹として深きこと、海の深きが如くであり、又飂として大風の吹き荒れて止まるところを知らないほどの働きをなすのである。（この二句は、我すなわち老子の道を修めた者の深さと活動の偉大さを述べている。）」（同、四六頁）。

福永光司「ここは体道者の境地を『吹く風』『たゆたう海』の自由さに譬えたと見る方が一そう詩的なので、王弼本（明和本）のままに訳解しておく」（同、一二〇頁）。

金谷治「ゆらゆらとまるで海原のようにたゆたい、ひゅうひゅうとまるで止まらない風のようにそよぐ」（同、九〇頁）。

任継愈「ひろびろとして、かぎりなく大きな海のよう。つきることなく、吹きぬける大いなる風のよう」（同、七六頁）。

蔣錫昌「聖人の居心は一つに恬静《てんせい》（静かで穏やか）の海のようである。聖人の行動は、高風の直上のように、繫縶《けいちゅう》する所がないのである」（同、一三七〜一三八頁）。

以上のように、この句の解釈にも、一定の見解がない。王注は、「澹《たん》としてそれ海の若《ごと》く」は「情観《み》るべからず」（気持は見ることができない）といい、「飂《りょう》として止《とど》まる所無きが若《ごと》し」は「繫《けい》縶《ちゅう》する所無し」としている。「繫」「縶」はどちらも「つなぐ」の意で、自由を束縛するもの、しばりつけるものがないこと。したがって「澹としてそれ海の若く、飂として止まる所無きが若し」は、「わたしだけは道理に暗く、静かな海のようで、むなしくて、捉えどころがない」となる。「無為自然の道」の本体をいったもので、先学諸氏の解釈の意ではない。

「如享」は、王注は「若享」としているため、これに直している本もあるが、意味は違わないので、このままにした。「若昏」は、下文の「我独頑似鄙」の王注に「悶悶昏昏、識《し》る所無きが若《ごと》し」とあることから、「昏昏」に改め、四字句の対句にした。

「有以」の「以」を王注は、「用うるなり」といい、「施用すること有らんと欲す」（施用することがあろうことを欲する）と解している。この「施用」は、施し用いる意であるから、王注に「欲」の文字があるので、施し用いることを願っているということで、これが俗人一般の考えだという。

「我独異」は王注に「我独り人に異ならんと欲す」とあるので、「欲」の字を補った。「食母」は「しぼ」と訓じ、乳母の意と解している書もある。

要は、老子の「無為自然の道」を「わたし」の代名詞を以て、世俗とは遠く離れている道であるが、人生を生きる根源であることを力説し、納得させようとした文である。

△ 二十一章　道の本体（4）〈衆甫〉

孔徳《こうとく》の容《かたち》は、惟《た》だ道に是《こ》れ従う。

道の物たる、惟《こ》れ恍《こう》惟《こ》れ惚《こつ》。惚たり恍たり、その中に象《しょう》有り。恍たり惚たり、その中に物有り。

窈《よう》たり冥《めい》たり、その中に精有り。その精は甚《はなは》だ真なり。その中に信有り。

古《いにしえ》より今に及ぶまで、その名去らず。以て衆甫《しゅうほ》を閲《す》ぶ。

吾何を以て衆甫の状を知る哉《や》。此《これ》を以てなり。


孔徳之容、惟道是従。

道之為物、惟恍惟惚。惚兮恍兮、其中有象。恍兮惚兮、其中有物。

窈兮冥兮、其中有精。其精甚真。其中有信。

自古及今、其名不去。以閲衆甫。

吾何以知衆甫之状哉。以此。

語釈　孔＝空（むなしい）と王注は解している。したがって「孔徳」は「むなしい徳」の意。道＝無為自然の道。恍惚＝ほのかで見定めがたいさま。形無く繋がれないさまの意（王注）。前に「恍惚」といい、後に「惚恍」といったのは、「惚」と「物」と韻を合わせるため。窈＝深遠の嘆き。奥深く測り知れないさま。精＝精霊。すぐれた神秘的な力。万物の本体。人間では生命体を作る生殖作用の核となる精気（精液）。真＝ありのまま。まこと。本もの。信＝真実。まこと。あかし（証）。男女の交合の証。衆甫＝物の始まり。無名で万物の始源を統括している。此＝「孔徳之容、……以閲衆甫」まで。

全訳　からっぽの徳の人は、ただ無為自然の道に従う。

この道は形がなく捉えどころがないが、その中に形があり、その中に実体がある。

奥深く暗くて見えないが、その中に精霊があり、その精霊は甚《はなは》だありのままで、その中から証《あかし》が生まれる。

昔から今日まで、無名がその名で万物の始源を統《す》べている（衆甫）。どうしてこれが分かるか。以上のことからだ。

三段的論法　第一段「孔徳之容、惟道是従」（主題）孔徳は無為自然の道に従う。
第二段「道之為物」〜「以閲衆甫」（解説）
第一節「道之為物」〜「其中有物」道と恍惚について。
第二節「窈兮冥兮」〜「其中有信」道と窈冥《ようめい》について。
第三節「自古及今」〜「以閲衆甫」道と衆甫《しゅうほ》について。
第三段「吾何以知衆甫之状哉。此以」（結論）以上述べた無為自然の道に因る。

主題で、孔徳が無為自然の道に従うと規定し、解説で、この道の性格を、恍惚、窈冥、精真を以て説明し、結論で、無為自然の道に因ると結んだ。

評論　本章で問題となるのは、「孔徳」の解釈である。一般の諸書は、「大いなる徳」と解しているが、王注は「孔は空なり」といって、「空徳」すなわち「無為自然の道」と解している。これは「無為自然の道」を体得した者の徳のことである。したがってこの徳を身に得た人の姿は、「無為自然の道」に従っているだけであるということになる。

「惚恍」も一般には、「何も忘れてぼうっとしている」等と解しているが、王注は「形無く繫《つな》がれざるの嘆きなり」と注して、無形で捉えどころのないさまと解している。「甚真」の「真」は「ありのまま」、「有信」の「信」は「信験《しんけん》」すなわち証《あかし》と解している。人間でいえば、男女の交合によって、その証として子が生まれることをいった所であるが、その表現が間接的で嫌悪さがなく、ほのぼのと心に感じさせる文である。

「古《いにしえ》より今に及ぶまで」の「古《いにしえ》より」は、宇宙創世からで、「道」と名づけたのは老子であり、この「道」がなかった間も、「道」はあったことをいっている。

「窈たり冥たり、その中に精有り。その精は甚だ真なり。その中に信有り」の文は、宇宙万物の摂理を表現したものであるが、これは人間の生殖作用を強く暗示している感がある。それは王注にもよく表されている。王注が「物の窈冥《ようめい》に反《かえ》れば、則《すなわ》ち真精の極得て、万物の性定まる」といっている「物」は、人間を意識し、「窈冥《ようめい》に反《かえ》れば」は、男女の交合、「真精」はありのままの精気（精液）、「極」はその一滴の果て、「得」は適合する。すると万物の本性が定まる。つまり子が生まれる。実に巧妙な筆力である。「無為自然の道」をいう。

孔徳の人は、「無為自然の道」を体得している。この道は恍惚の中に物象を生じ、窈冥の中に生命体の精霊が作用して証が生まれる。これが万物の真正な姿である。この道は、老子以前から存在していて「無名」であって、万物の始めを統《す》べている「衆甫《しゅうほ》」であるという。まことに理路整然とした論法の文である。

○ 二十二章　不争の徳(2)〈抱一〉◎

曲がれば則《すなわ》ち全《まった》し。枉《ま》がれば則ち直《よろ》し。窪めば則ち盈《み》つ。敝《やぶ》るれば則ち新たなり。少なければ則ち得、多ければ則ち惑う。

是《ここ》を以て聖人は、一を抱《いだ》きて天下の式《しき》と為《な》る。自《みずか》ら見《あらわ》さず。故に明らかなり。自ら是《ぜ》とせず。故に彰《あらわ》る。自ら伐《ほこ》らず。故に功有り。自ら矜《ほこ》らず。故に長《ちょう》す。それ惟《た》だ争わず。故に天下能《よ》くこれと争うこと莫《な》し。

古《いにしえ》の所謂《いわゆる》曲がれば則ち全しとは、豈《あ》に虚言ならんや。誠に全くしてこれに帰す。


曲ガレバ則チ全シ。

枉ガレバ則チ直シ。窪メバ則チ盈ツ。敝ルレバ則チ新タナリ。少ナケレバ則チ得●(入声職)、多ケレバ則チ惑●フ(入声職)。

是ヲ以テ聖人ハ、抱キテレ一ヲ為ル二天下ノ式ト一。

不ニ自ラ見サ。故ニ明ラカナリ。（下平庚）不ニ自ラ是トセ一。故ニ彰ル。（下平陽）不ニ自ラ伐ラ一。故ニ有リレ功。（上平東）不ニ自ラ矜ラ一。故ニ長ス。（下平陽）夫レ惟ダ
不レ争ハ。（下平庚）故ニ天下莫シニ能ク与レ之争フコト一。
古之所《いは》謂《ゆる》曲ガレバ則チ全シト者《は》、豈ニ虚言ナラン哉《や》。誠ニ全クシテ而帰スレ之ニ。

語釈 曲＝まがる。枉＝まがる。木が曲がる意。直＝『集伝』よろし（宜）。一般の諸書は「なおし」と解している。一＝無為自然の道。式＝法則。模範。手本。虚言＝うそのことば。

全訳 曲がったものは曲がったままがいい。曲がった木は曲がったままがいい。窪んでいると自然にいっぱいになる。蔽《やぶ》れると自然に新しくなる。少ないと得られ、多いと惑う。

こういうわけで聖人は、一を抱《いだ》いて世の中の手本となる。自ら現わさない。だから明らかになる。自らよいとしない。だから彰《あら》われる。自ら誇らない。だから功績が残る。自ら高ぶらない。だから長く続く。ただ争わない。だから世の中の人は争おうとしない。

昔の人がいう。曲がったものは曲がったままがいいとは、全くでたらめではない。本当に曲がったままを全くして、自然に帰る。

三段的論法 第一段 「曲則全」（主題） 曲がったものは曲がったままがよい。

第二段 「枉則直」～「故天下莫能与之争」

第一節 「枉則直」～「多則惑」 枉・窪・敝・少・多を以て、主題の例を挙げる。

第二節 「是以聖人」～「故長」 聖人は無為自然の「一」を以て、世の中の手本となる。

第三節 「夫惟不争。故天下莫能与之争」 聖人は無為自然の別称「不争」を主としてい

る。

第三段　「古之所謂曲則全者」～「誠全而帰之」（結論）　古語を引用し、完全な身で無為自然の道に帰る。

主題で、「曲がれば則ち全し」と規定し、解説で、その例を挙げ、聖人が「無為自然の道」の「一」を以て世の中に手本を示し、また「不争」を以て主としていることを述べ、結論で、古語を引用して説明し、主題を立証して結んだ。

評論　実に理路整然とした文の構成である。しかし従来の先学の解釈は、王注と全く異なっているところが多い。

まず、「曲」を木、「枉」を尺取り虫（蠖）、窪を窪地、「敝」を敝衣に譬えて、逆説に解しているが、王注は、後文の「自《みずか》ら見《あらわ》さず。……故に長《ちょう》す」の例としている。また「少・多」を欲・智を以て説明しているが、王注は、樹木の凋落・繁茂を以て、いよいよ繁るといよいよ根本から遠く離れ、いよいよ衰えるといよいよ根本に近くなると解説している。「無為自然の道」から考えると、王注の方が極めて自然な解釈である。

結論の「誠に全くしてこれに帰す」は、主題の「曲がれば則ち全し」に呼応する句で、首尾一貫した名文である。

「曲がれば則ち全し」は、すべての物を指し、「枉《ま》がれば則ち直《よろ》し」は「木」についていっている。「曲がれば則ち全し」は、王注は「自《みずか》ら見《あらわ》さざれば、その明は則ち全し」といって、「曲」を

「自《みずか》ら見《あらわ》さず」と解している。

○　二十三章　政治の本質〈信〉

希言《きげん》は自然《しぜん》なり。

故に飄風《ひょうふう》は朝《あした》を終えず。驟雨《しゅうう》は日を終えず。孰《たれ》かこれを為《な》す者ぞ。天地なり。天地すら尚《な》お久しきこと能《あた》わず。而《しか》るを況《いわ》んや人に於《お》いてをや。

故に道に従事する者は、道は道に同じくし、徳は徳に同じくし、失は失に同じくす。

道に同じくする者は、道も亦《ま》たこれを得ることを楽しみ、徳に同じくする者は、徳も亦たこれを得ることを楽しみ、失に同じくする者は、失も亦たこれを得ることを楽しむ。

信《しん》足らざれば、信ぜざること有り。


希言ハ自然ナリ。

故ニ飄風ハ不レ終ヘレ朝ヲ。驟雨ハ不レ終ヘレ日ヲ。孰カ為スレ此ヲ者ゾ。天地ナリ。天地スラ尚ホ不レ能ハレ久シキコト。而ルヲ況ンヤ於テヲレ人ニ乎や。

故ニ従事スル二於道ニ一者ハ、道者は同ジクシ二於道ニ一、上平支 徳者は同ジクシ二於徳ニ一、失者は同ジクス二於失ニ一。

同ジクスル二於道ニ一者ハ、道モ亦タ楽シミレ得ルコトヲレ之ヲ、同ジクスル二於徳ニ一者ハ、徳モ亦タ楽シミレ得ルコトヲレ之ヲ、同ジクスル二於失ニ一者ハ、失モ亦タ楽シムレ得ルコトヲレ之ヲ。

信不レバレ足ラ焉、有リレ不ルコトレ信ゼ焉。

語釈 希言＝聞こうとしても聞こえない言葉（王注）。かすかな言葉（諸橋）。ものいわざる言葉（福永）。無言の言（金谷）。自然＝無為自然の道。飄風＝つむじ風。驟雨＝にわか雨。而況…乎＝抑揚形。「しかるをいわんや…をや」と訓み、「それだのにましてや…にあってはなおさらである」の意。失＝累多なり（王注）。累《わずら》いが多い。楽＝同じて応ず（王注）。楽しむの意ではない。

全訳 聞こうとしても聞こえない言葉は自然の道。

だからつむじ風は朝中吹かない。にわか雨は一日中降らない。誰がこれをするか。天地である。天地でさえも長く続かない。まして人はなおさらだ。

だから自然の道に従ってする者は、その道は自然の道に同じくし、徳のある者は　その徳に同じくし、煩《わずら》いのある者はその煩いに同じくする。

自然の道に随って行く者は、道の方でもまたこの道を得ることに応じてくる。自然の徳に随って行く者は、徳の方でもまたこの徳を得ることに応じてくる。自然の煩いに随って行く者は、煩いの方でもまたこの煩いを得ることに応じてくる。

為政者は信が足りないと、信じられない。

三段的論法

第一段「希言自然」（主題）希言は無為自然の道。
第二段「故飄風不終朝」～「失者同於失」（解説）
第一節「故飄風不終朝」～「而況於人乎」希言を飄風と驟雨で説明。
第二節「故従事於道者」～「失者同於失」無為自然の道と徳・煩いの説明。
第三節「同於道者」～「失亦楽得之」道・徳・失の性質。
第三段「信不足焉、有不信焉」（結論）為政者と信。

主題で、「無為自然の道」を希言で規定し、解説で、飄風と驟雨を挙げて説明し、道・徳・煩いの性質をいい、結論で、為政者の道を信で結んだ。

評論 希言は無為自然の道を形容した別称で、この自然の道の天地の仕業である。飄風や驟雨でさえ、長く続かない。まして人間が長く続かないのは、なおさらである。

だからこのはかない人間が、自然の道に随って行動する際は、自然の道に一体になり、自然の徳に一体になり、自然の煩いにも一体になることである。

このように自然の道に一体になる者は、道の方でもまたそうなることに応じて来、徳に一体になる者は、徳の方でもまたそうなることに応じて来、煩いに一体になる者は煩いの方でもまたそうなることに応じてくる。

だから自然の道に随ってする「信」が為政者に足りないと、民は信じないという。王弼は「信」を「忠信」と注している。

為政者は、無為自然の道と一体になって人生を生きよ。それには「信」が肝腎であると、希求した文である。
「信足らざれば、信ざざること有り」の句は「十七章　理想の政治(3)」にも出ている。

○　二十四章　道の体得(2)

企《くわだ》つ者は立たず。跨《また》ぐ者は行かず。自《みずか》ら見《あらわ》す者は明らかならず。自ら是《ぜ》とする者は彰《あらわ》れず。自ら伐《ほこ》る者は功無く、自ら矜《ほこ》る者は長からず。その道に在るや、余食贅行《ぜいこう》と曰《い》う。物或いはこれを悪《にく》む。故に有道者は処《お》らず。

企ツ者ハ不レ立タ。跨グ者ハ不レ行カ。
自ラ見ス者ハ不レ明ラカナラ。(○下平庚)　自ラ是トスル者ハ不レ彰レ。(○下平陽)　自ラ伐ル者ハ無レ功ク、(○上平東)　自ラ矜ル者ハ不レ長カラ。(○下平陽)　其ノ在ルレ道ニ
也《や》、曰フ二余食贅行ト一。(○下平庚)
物或イハ悪ムレ之ヲ。故ニ有道者ハ不レ処ラ。

語釈　企＝かかとを上げる。跨＝音カ、コ（慣用）。またをひらいてこす。見＝あらわす。伐＝ほこる。自分の功績を誇る。矜＝ほこる。おごりたかぶる。贅行＝よけいな行い。むだな行為。「贅」はこぶ、いぼ。無用のもの。悪＝にくむ。にくく思う。

全訳　爪先で進む者は安定さがない。大股で歩く者は遠くへ行けない。自《みずか》ら現す者は明らかにならない。自らよいとする者は彰《あらわ》れない。自ら誇る者は功績が残らない。自ら高ぶる者は長く続かない。この道では余りものやいぼやこぶという。だれもこれを嫌う。だからこの道の体得者はここにはいない。

三段的論法　第一段「企者不立。跨者不行」（主題）企者・跨者の害の説明。
第二段「自見者不明」〜「曰余食贅行」（解説）主題の例を挙げ、無為自然の道では不用なこと。
第三段「物或悪之。故有道者不処」（結論）有道者はここにはいない。
主題で、企者・跨者の害を規定し、解説で、その例を挙げ、無為自然の道では不用なことといい、結論で、有道者はここにはいないと結んだ。

評論　本章で大事なことは、王弼の「物は進むことを尊べば則《すなわ》ち安きを失う」という注である。人間は本性として進むことを尊ぶ性質を持っている。普通の状態で進んでいっても、気を使わなければならないのに、爪先立てて歩っていては、なおさら安定性を失うから、気をつけなければならないと警告しているのである。

「自《みずか》ら見《あらわ》す者は明らかならず」から「自ら矜《ほこ》る者は長からず」までは、主題の例を挙げ、このようなことは、無為自然の道においては余食贅行（余り物やこぶのようによけいな行い）といっている。したがって有道者はここにはいないと明言した。有道者は、無為自然の道を体得した人のことをいうが、「聖人」といわないのは、この時点では老子はまだ「聖人」の域に至っていなかったからであろう。

△ 二十五章　道の本体（5）〈天下の母〉

物有り混成す。天地に先だちて生ず。寂《じゃく》たり、寥《りょう》たり、独立して改めず。周行して殆《あや》うからず。以て天下の母と為《な》すべし。吾その名を知らず。これを字《あざな》して道と曰《い》う。強《し》いてこれが名を為《な》して大と曰う。大を逝《せい》と曰い、逝を遠と曰い、遠を反と曰う。

故に道は大、天は大、地は大、王も亦《ま》た大。域中に四大《しだい》有り。而《しこう》して王はその一に居《お》る。

人は地に法《のっと》り、地は天に法り、天は道に法り、道は自然に法る。

有リレ物混成ス。先ダチテ二天地一ニ生ズ。

寂タリ兮、寥タリ兮、独立シテ不レ改メ。周行シテ而不レ殆フカラ。可シ三以テ為ス二天下ノ母一ト。

吾不レ知ラ二其ノ名ヲ一。字シテレ之ヲ曰フレ道ト。強イテ為シテ二之ガ名ヲ一曰フレ大ト。大ヲ曰ヒレ逝ト、逝ヲ曰ヒレ遠ト、遠ヲ曰フレ反ト。

故ニ道ハ大、天ハ大、地ハ大、王モ亦タ大。域中ニ有リ二四大一。而シテ王ハ居ル二其ノ一ニ一焉。

人ハ法リ二地ニ一、地ハ法リ二天ニ一、天ハ法リ二道ニ一、道ハ法ル二自然ニ一。

語釈 混成＝混じり合って一つのものができる。寂寥＝ひっそりとしてものさびしいさま。周行＝あまねく行きわたる。『左伝』「昭一二」「天下に周行す」。字＝あざな。実名のほかにつける名。呼び名。反＝返る。域＝かぎり。さかい。宇宙。世界を指す。法＝法則。手本。従う。

全訳 混成した一つの物が天地開闢《かいびゃく》以前にある。

ひっそりとして形なく、ものさびしく類《たぐい》ない、独り立ちで恒久不変で、まんべんなく行き渡り危うくなく、天下の母となっている。

わたしはその名がわからない。仮の呼び名を道という。無理に名づけて大という。大を逝といい、逝を遠といい、遠を反という。

だから、道は大、天は大、地は大、王もまた大。宇宙に四大がある。王は人主の大にいる。

人は大地を手本とし、大地は天を手本とし、道は自然を手本とする。

三段的論法 第一段 「有物混成。先天地生」（主題） 混成した一つの物が、天地開闢以前にある。
第二段 「寂兮、寥兮」〜「而王居其一焉」（解説）
第一節 「寂兮、寥兮」〜「可以為天下母」 一つの物の内容。
第二節 「吾不知其名」〜「遠曰反」 その物の功用。

第三節　「故道大」〜「而王居其一焉」　王の使命。

第三段　「人法地」〜「道法自然」（結論）　窮極は「無為自然の道」に法る。

主題で、天地の創世を規定し、解説で、その物の内容、功用、王の使命を述べ、結論で、「無為自然の道」に法ることで結んだ。

評論　本章の問題点を、順を追って解説しよう。

「物有り混成す」の「物」は、二十一章の「道の物為《た》る」の「物」と同じで、「無為自然の道」を指し、「混成」は、混然として成っている、渾然《こんぜん》たる樸《ぼく》の状態を指す。馮友蘭《ふうゆうらん》は「この語は、十四章に、『これを視《み》れども見えず。名づけて夷《い》と曰《い》う。これを聴けども聞こえず。名づけて希《き》と曰う。これを摶《とら》えども得ず。名づけて微《び》と曰う。この三つの者は、致詰《ちきつ》すべからず。故に混じて一と為《な》す』とある「混」の字と共に、この道が連続し混沌としている物であること」を説明している。

「天地に先だちて生ず」は、張岱年《ちょうたいねん》が「天が一切の最高主宰者である観念を、老子は打破して、『道』こそ最も根本のものであり、最も先のものである」といい、任継愈《にんけいゆ》は「道は物質を離脱して懸空（からっぽ）な存在、空洞な格式（おきて。きまり）ではなく、『その中に精有り。その精は甚だ真なり。その中に信有り』（二十一章）のものであり、宗教の迷信的な伝統説法は、上帝は世界の主宰者であると認めるが、老子の『道』は上帝の先『帝の先《せん》に象《に》たり』（四章）に出現したことを説き、宗教が世界の主宰者は天であると認めているのに対して、老子は天をかえて本来の『天空』とし、『道』は『天地に先だちて生ず』るものとした」と説いている。

「寂《じゃく》たり、寥《りょう》たり」は、河上公《かじょうこう》説は、「『寂』は声音無く、『寥』は空にして形が無い」といい、厳霊峯《げんれいほう》は、「『寂』は静かで声が無く、『寥』は動いて形が無い」というが、王注は、「寂寞（ひっそりとしてさびしいさま）として形体がない」と解している。

「独立して改めず」は、無為自然の道は絶対で、終始に変化するが恒久不変であるという。

「周行して殆《あや》うからず」の「周行」には、二つの解釈がある。一つは、全面運行。「周」は周遍・周普で、王注の「至らざる所無し」（どこへでも行く）。もう一つは、循環運行。「周」を環繞《かんじょう》、まわりを回ると解している。「殆うからず」の「殆」は、つかれる、とどまる、あやういなどと訳されているが、王注は、「殆うきを免れ」と、あやうい（危）を採っている。

「これを字《あざな》して道と曰《い》う」の「字」は、実名のほかにつける通称で、呼び名である。この「混成した物」は無名であるが、仮に呼び名をつけると「道」で、これは呼び名の中の「最大」の語であるから、「大」に関連する。「強いてこれが名を為《な》して大と曰《い》う」の「強」は、無理に名づけると「大」となるというのである。したがって「道」イコール「大」ではない。「大」とすると部分となって、「極」ではないからである。

「逝」は、「道」の進行をいった語で、王弼は「逝は行くである。一つの大体（大形）を守るだけでなく、周行して至らない所がない」と注している。これに対して呉澄《ごちょう》は、「逝くは流行して息《や》まないのをいう」といい、張岱年は、「大は即ち道で、逝く所以《ゆえん》は大であるから逝くのである。逝くから愈《いよ》いよ遠くなり、宇宙は逝き逝きて止まない無窮の歴程（道すじ。過程）である」（『中国哲学大綱』）といい、王注とは違う。

「反」は『老子』には二つの用法がある。一つは「返る」、他の一つは「相反する」の意である。七十八章の「正言は反するが若《ごと》し」の「反」は後者であり、本章の「反」は前者である。銭鍾書《せんしょうしょ》の「反には両義がある。一つは正反の反、違反で、他の一つは往反（返る）の反、回反（返る）である」といい、馮達甫《ふうたつほ》は「大・逝・遠・反の道の全体の運行過程を描写したもので、これが周行である」（『老子訳注』）といっている。

「王も亦《ま》た大なり」を「人も亦《ま》た大なり」と「人」にしている書には、傅奕《ふえき》本・范応元《はんおうげん》本等がある。范応元は「河上公本は王としているが、それは、王は人中の尊で、固《もと》より君を尊ぶ義があるからである。しかし下文の『人は地に法り』は文義が通っている。まして人は万物の霊長で、天地と並んで三才をなしている。身をこの道に任すと、人は実にまた大である」（『老子道徳古本集註』）といい、奚侗《けいとう》は「人の字は『淮南子《えなんじ》』「道応訓」も王になっている。思うに、古《いにしえ》の君を尊ぶ者が妄《みだ》りにこれを改めたが、『老子』の本文ではない。『老子』は道を以て天地万物の母としている。だから天地に先んじて道を以て大とする。若《も》し『人』を改め『王』とすると、その誼（義）が甚だ狭くなる。幸いに下文の『人は地に法り』の『人』の字はまだ改めていない。ますます依って証明することができる」（『老子集解』）といって、「人」を採っているが、王注は「天地の性は、人を貴いとする。而《しこう》して王は人の主である。大を職としないといっても、亦《ま》た大で、道・天・地と匹敵する」といい、王本の原文を採って「王」にしている。

「域」は王注は「無称は名づけることができないから、域という」と、「無」と同じ、宇宙の意であるとしている。

「道は自然に法《のっと》る」は、呉澄は「道の大なる所以《ゆえん》は自然であるからである。だから『自然に法る』という。『道』のほかに自然があるわけではない」(『道徳真経注』)といい、馮友蘭は「『人は地に法《のっと》り云々』は、道上に又『自然』があるのではなく、道が取る所の法である。上文の『域中に四大《しだい》有り』は、ただ道は万物を無目的・無意識に生む順序を形容したので、自然は一つの形容詞であり、このほかに別の物があるのではない。だから上文は『四大』といって、『五大』といわない」という。

本章は、実に理路整然とした論述で、老子の着想の非凡さと表現の巧妙さに驚嘆するだけでなく、王弼が「主たる所以《ゆえん》は、それ之《これ》を一にする者は主なり」と結んだ語は、万金の重みに価する。人主となる理由は、その「道・天・地・人」の四大を一つにする者こそが、真の人主である。人を統《す》べるだけでなく、この「四大」を一つにして支配することが、本物の「人主」であるという。三十三章の「死して亡《ほろ》びざる者は寿《いのちなが》し」の注と共に、王弼畢生の名注である。

宇宙は人主の支配すべきもので、原爆や環境汚染など、自然を破壊することではなくして、自然に随順して生きる。これこそが真の世界の平和である。人主はかく努めなければならないとの警告ではあるまいか。

○ 二十六章　為政者の在り方〈重軽・静躁〉

重きは軽きの根為《こんた》り。静かなるは躁《さわ》がしきの君為《きみた》り。是《ここ》を以て聖人は、終日行くも輜重《しちょう》を離れず。栄観《えいかん》有りと雖《いえど》も、燕処《えんしょ》して超然たり。奈何《いかん》ぞ万乗の主にして、身を以て天下より軽しとせんや。軽ければ則《すなわ》ち本《もと》を失い、躁《さわ》がしければ則《すなわ》ち君《きみ》を失う。

重為軽根。静為躁君。

是以聖人、終日行不離輜重。雖有栄観、燕処超然。

奈何万乗之主、而以身軽天下。軽則失本、躁則失君。

語釈　躁＝音ソウ。さわがしい。終日＝一日中。輜重＝重い荷物を載せる車。兵站部《へいたんぶ》。軍需品の車。「輜」はほろぐるま、おおいのある車。栄観＝はなやかなうてな（榭）。立派な高殿。「榭」は音シャ。屋根のある台。燕処＝くつろぎの場。燕居。「燕」は音エン。くつろぐ。奈何＝いかん。疑問又は反語の副詞。万乗＝戦車一万台を有する天子。一乗は甲兵三人、歩兵七十二人、輜重二十五人の計百人の軍勢。失君＝君位を失う。

全訳　重いのは軽いものの根《こん》。静かなのは躁《さわ》がしいものの君《きみ》。そういうわけで聖人は、一日中行軍しても輜重《しちょう》を離れず、華やかなうてながあってもくつろいで超然としている。どうして万乗の天子でわが身を天下より軽くしよう。軽くすると身を失い、躁《さわ》がしくすると君位を失う。

三段的論法　第一段「重為軽根。静為躁君」（主題）重軽・静躁のこと。

第二段「是以聖人」～「燕処超然」（解説）聖人の輜重と栄観。

第三段「奈何万乗之主」～「躁則失君」（結論）万乗の君と軽噪。

主題で、重軽・静躁を規定し、解説で、無為自然の道を体得した聖人の軽重と栄観を解説し、結論で、万乗の君の軽躁で結んだ。

評論　本章は、老子が当時の統括者は奢恣軽淫《しゃしけいいん》（ぜいたくで勝手きまま）で、縦目自残《しょうもく》（ほしいままにし自らそこねる）しているのを嘆き、「奈何《いかん》ぞ万乗の主にして云々」といい、一国の統治者は静重して、軽浮躁動をしてはいけないことを戒めたものである。

○ 二十七章　道の体得（3）〈襲明〉

善行は轍迹《てっせき》無し。善言は瑕讁《かたく》無し。善数は籌策《ちゅうさく》せず。善閉は関鍵《かんけん》無きも、開くべからず。善結は縄約《じょうやく》無きも、解くべからず。

是《ここ》を以て聖人は、常善にして人を救う。故に棄人無し。常善にして物を救う。故に棄物無し。是《こ》れを襲明《しゅうめい》と謂《い》う。

故に善人は、不善人の師なり。不善人は、善人の資《と》るなり。

その師を貴《たっと》ばず、その資《と》るを愛せざれば、智ありと雖《いえど》も大いに迷う。是《こ》れを要妙《ようみょう》と謂う。

善行ハ無シ二轍迹一。（入声陌）

善言ハ無シ二瑕讁一。善数ハ不二籌策セ一。（陌）善閉ハ無キモ二関鍵一、而不レ可カラ開ク。（上平灰）善結ハ無キモ二縄約一、而不レ可カラ解ク。（上声蟹）

是以聖人、常善救人。故無棄人。常善救物。故無棄物。是謂襲明。

故善人者、不善人之師。不善人者、善人之資。

不貴其師、不愛其資、雖智大迷。是謂要妙。

語釈 善行＝無為自然の道を行うこと。轍迹＝車の通った轍のあと。瑕讁＝きず。欠点。言葉の失策の意。瑕は玉のきず。讁は讁責。とがめる。籌策＝計算に用いる算木。計算器。関鍵＝かんぬきとかぎ。縄約＝縄で結ぶこと。常善＝常に善。無為自然の道に順った善。襲明＝常善に因り順う意。河上公《かじょうこう》注には、「聖人は善《よ》く人物を救う。襲明大道と謂《い》う」とある。大道は無為自然の道である。「襲」は入る意。明に入った境地。「明」は無為自然の道。資＝取る。取り入れること。一般の諸書の意とは異なる。要妙＝窈眇《ようびょう》と同じ。奥深くかすかなもの。奥深い真理。微妙の意。河上公注は「微妙の要道を知る」という。無為自然の道のデリケートである形容。

全訳 この道に順って行く者は轍《わだち》の跡がない。この道に順って言う者は過ちがない。この道に順って数える者は計算器がいらない。この道に順って閉じると、閂《かんぬき》や鍵をかけなくとも開けられない。この道に順って結ぶと、縄かけをしなくても解かれない。

こういうわけで、聖人はいつも善で人を救う。だから人を棄てない。いつも善で物を救う。だから物を棄てない。これを襲明という。

故に善人は不善人の師であり、不善人は善人が取り入れる。善人の師を尊ばず、善人の取り入れを愛さないでは、知恵があっても大いに迷う。これを要妙という。

三段的論法 第一段「善行無轍迹」（主題）善行は轍迹《てっせき》がない。

第二段　「善言無瑕謫」～「善人之資」（解説）
第一節　「善言無瑕謫」～「而不可解」　主題を列挙して説明。
第二節　「是以聖人」～「是謂襲明」　聖人の行為、襲明のこと。
第三節　「故善人者」～「善人之資」　善人・不善人のこと。
第三段　「不貴其師」～「是謂要妙」（結論）　要妙のこと。

主題で、無為自然の道に順って行う者は、轍迹がないと規定し、解説で、それを善言・善数・善閉・善結を列挙して説明し、聖人の行為は人・物を棄てない、これを襲明といい、善人・不善人の師・資を説明し、結論で、無為自然の道を「要妙」で結んだ。

評論　解説書によっては、本章は理論的に一貫性がないといっている書も見られるが、本章が「無為自然の道」を根底とし、これに順って行うことを循《じゅん》々と論述していることに刮目《かつもく》すると、まことに筋の通った論法であることが分かる。

それは、最初の「善行」の「善」の意味の取り方である。単に善悪の善ではなく、無為自然の道に順うことを善とし、これに順って行うことが「善行」なのである。王弼が「自然に行う」と注しているのに明瞭である。

「善人、不善人」もこの「善行」が背景にあるから、王弼は「善人は善を以て不善を斉《ひと》しくし、善を以て不善を棄てざるなり」（善人は善を以て不善を善と同じにし、善を以て不善を棄てないのである）と注している。また「棄人無し」の「棄人」は、単に人を棄てる意ではなく、王弼は「進向を造《な》して以て不肖を殊棄せざるなり」と注し、進んで不肖を殊棄しないといっている。「殊棄」は、とりわけ棄てる意である。

なお「善人の資」の「資」の解は、一般の諸書と王注とは根本的に違っている。諸書は「助ける」と解しているが、王弼は「取る」と解している。こう解すると主格が違ってくる。「助ける」の場合は不善人が主格であるが、「取る」の場合は善人が主格である。したがって善人が不善人を取るということになり、善人と不善人が相互関係でなくなる。「師資」を師弟関係にして、「不善人」を弟子と見ている福永説もあるが、これは当を得ていない。ここはあくまでも無為自然の道に順って行う善人と、そうでない不善人と見るべきである。

問題は「要妙」の解である。諸橋博士は、「『是レヲ謂フ二要妙一ト』の一句は、恐らくは錯簡《さくかん》で、『善結ハ無クシテ二縄約一而不レ可カラレ解ク』の下に存すべきものと思われる」といっているが、「要妙《ようみょう》」は無為自然の道の別称であるから、これでも筋は通るが、本文の最後に置いたのは、王注に「その道に於て必ず失う」と、無為自然の道の微妙なことをいっているので、「要妙」を以て結びとするためであると思われる。

△ 二十八章　無為（3）〈常徳・樸〉◎

その雄《ゆう》を知れば、その雌《し》を守りて、天下の谿《たに》と為《な》る。天下の谿と為れば、常徳は離れず、嬰《えい》児《じ》に復帰す。

その白を知れば、その黒を守りて、天下の式《しき》と為《な》る。天下の式と為れば、常徳は忒《たが》わず、無極に復帰す。

その栄を知れば、その辱《じょく》を守りて、天下の谷と為《な》る。天下の谷と為れば、常徳は乃《すなわ》ち足りて、樸《ぼく》に復帰す。

樸散ずれば則《すなわ》ち器《うつわ》と為《な》る。聖人はこれを用いて、則ち官長と為《な》す。故に大制《たいせい》は割《さ》かず。


知レバ二其ノ雄一ヲ、守リテ二其ノ雌一ヲ、為ル二天下ノ谿一ト。為レバ二天下ノ谿一ト、常徳ハ不レ離レ、復二帰ス於嬰児一ニ。

知レバ二其ノ白一ヲ、守リテ二其ノ黒一ヲ、為ル二天下ノ式一ト。為レバ二天下ノ式一ト、常徳ハ不レ忒ハ、復二帰ス於無極一ニ。

知其栄、守其辱、為天下谷。為天下谷、常徳乃足、復帰於樸。
樸散則為器。聖人用之、則為官長。
故大制不割。

語釈 常徳＝常の徳。無為自然の道の徳。式＝手本。忒＝音トク。たがう。王注「忒は差《たが》うなり」。無極＝無為自然の道の別称。宇宙の本体。辱＝はずかしめ。はじ（恥）。樸＝あらき。切り出したままで加工しない木材。自然のままの素質。王注「樸は真なり」。大制＝樸を指す。無為自然の道の別称。

全訳 雄を知ると、雌を守って、世の中の谷となる。世の中の谷となるとこの道の徳は離れず、赤子の心に立ち返る。

白を知ると、黒を守って、世の中の手本となる。世の中の手本となるとこの道の徳は違うことなく、根源に立ち返る。

栄を知ると、辱《じょく》を守って、世の中の谷となる。世の中の谷となるとこの道の徳は満ち足りて、樸《ぼく》の素朴に立ち返る。

樸が切り割かれると、さまざまな器《うつわ》（官）となる。聖人はこの器を用いて官長とする。だから官長は、世の中の万民の心を以て心とし、無為自然の道を以て割くことをしない。

変形三段的論法

第一段「知其雄」～「復帰於樸」（主題）常徳を三つの例で説明。
第二段「樸散、則為器」～「則為官長」（解説）聖人と樸《ぼく》。
第三段「故大制不割」（結論）大制は割かない。

主題で、常徳を雄雌・白黒・栄辱の三つの例を挙げて規定し、解説で、聖人と樸について説明して、結論で、「大制は割かず」と、無為自然の道で結んだ。

評論　常徳は、「無為自然の道」の徳を指す。「道」が人間の身についたのが「徳」である。「官長」は「官の長」で、器が分散したのが官で、その官をまとめるのが官の長である。したがって官長は、「善を以て師と為《な》し、不善を以て資《と》ると為す」と王注はいっている。「不善を以て資《と》ると為《な》す」は二十七章に「不善人は、善人の資《と》るなり」とある語で、不善人を取り入れる意である。「その雄を知れば、その雌を守りて」と訓んだ宇恵訓は、蓋し出色である。宇恵訓以外、先学は誰一人としてこの訓みに因らなかった（「本書の特色・三」参照）。

また、一般の諸書は、「故に大制《たいせい》は割《さ》かず」を「樸《ぼく》散ずれば則《すなわ》ち器《うつわ》と為る。……則ち官長と為《な》す」に含めて一段としているが、この語は結論をなす語で、独立句である。

「その黒を守りて、……その栄を知れば」の六句は、後からの付加文と張松如《ちょうしょうじょ》は説くが、魏晋には既に本文の体をなしていたので、王弼はその文によって注したのである。

本文中に「谿」と「谷」の同訓異字を用いたのは、一文中に同義の文字を用いない配慮からであろう。

「無極」は老子においては「無為自然の道」をいったものであるが、儒学者の周敦頤《しゅうとんい》は「無極にして太極」（『太極図説』）といっている。どちらも宇宙の本体をいった語である。

変形三段的論法といったのは、主題は本来一つのことを規定するのが常態であるが、この章は、「常徳」を三つの例を以て規定したので、変形三段的論法としたのである。

本章に用いている幾個の名詞は、老子の基本観念を表すもので、「谿・谷」は謙下不争、「嬰児」

は柔弱純真、「樸《ぼく》」は真を象徴している。これらの諸徳を「常徳」で表している。「大制《たいせい》」は、人工を加えない最も大きな製作品、すなわち「樸」を指す。「樸」は無為自然の道の別称であるから、官長は「樸」のような立場で万民の心を心として天下を治めるのであると、老子はいう。したがって「大制は割かず」は、官長の態度をいったものである。

△ 二十九章　理想の政治（4）〈神器〉◎

天下を取りてこれを為《おさ》めんと将欲《ほっ》するは、吾その已《や》むことを得ざるを見る。

天下は神器なり。為《おさ》むべからざるなり。為《な》す者はこれを敗り、執《と》る者はこれを失う。

故に物は、或いは行き或いは随い、或いは歔《は》き或いは吹き、或いは強く或いは羸《よわ》く、或いは挫《くじ》き或いは隳《こぼ》つ。

是《ここ》を以て聖人は、甚《じん》を去り、奢《しゃ》を去り、泰《たい》を去る。


将㆘欲スルハ取リテ㆓天下ヲ㆒而為メント㆖之ヲ、吾見ル㆓其ノ不ルヲ㆒レ得レ已ムコトヲ。

天下ハ神器ナリ。不ル㆑可カラ㆑為ム也。為ス者ハ敗リ㆑之ヲ、執ル者ハ失フ㆑之ヲ。
故ニ物ハ、或イハ行キ或イハ随ヒ、或イハ歔キ或イハ吹キ、或イハ強ク或イハ羸ク、或イハ挫キ或イハ隳ツ。
是ヲ以テ聖人ハ、去リ㆑甚ヲ、去リ㆑奢ヲ、去ル㆑泰ヲ。

語釈 将欲＝ほっする。為＝おさめる（治）。神器＝形がなく同類がなく、合成したもの。王注は「神は形無く方（たぐい）無きなり。器は合成（二種類以上が合わさったもの）なり。無形にして以て合す。故にこれを神器と謂う」といい、一般のいう「神聖なもの」の意ではない。歔＝音キョ。すすり泣く。はく。鼻から息を出す。吹＝音スイ。ふく。息を口から吹き出す。羸＝音ルイ。よわい（弱）。隳＝音キ。こぼつ。やぶる。甚＝度はずれ。奢＝衣食住など華美にしすぎる。ぜいたく。奢侈。泰＝おごる（驕）。おごり高ぶる（心）。

全訳 天下を取ってこれを治めようとする者は、わたしは已《や》むを得ないことがわかる。天下は神器である。治めることはできない。自然を造り為《な》す者は敗れ、自然を押さえる者は失敗する。

だから万物は、先に行く者があり、後から行く者があり、鼻から息を吐く者があり、口から息を吹く者があり、強い者があり、弱い者があり、挫《くじ》ける者があり、敗れる者がある。

こういうわけで聖人は、度はずれを止め、贅沢を止め、驕《おご》り高ぶることを止める。

三段的論法 第一段 「将欲取天下而為之、吾見其不得已」（主題） 有為で天下を取るのは已むを得ない時。

第二段 「天下神器」～「或挫或隳」（解説）

第一節 「天下神器」～「執者失之」 天下は神器の説明。

第二節 「故物、或行或随」～「或挫或隳」 万物の逆順・反覆は万物の本性。

第三段　「是以聖人」～「去泰」（結論）　聖人の行為。

主題で、天下を取る方法を規定し、解説で、天下は神器であり、万物には逆順反覆の自然の摂理があることを説明し、結論で、聖人の行為は甚・奢・泰を去ることで結んだ。実に理路整然とした三段的論法で、その雛型ともいえる。

評論　「神器」は所謂《いわゆる》「神聖なもの」の意ではなく、「無形無方の合成」と王注はいっている（語釈参照）。天地万物の自然をありのままにいったもので、まことに明快である。また物事の運行を「逆順反覆」と注しているのも巧妙である。結論の「甚《じん》・奢《しゃ》・泰《たい》」を去ると結んだのは、「無為自然の道」に順うと、自《おのずか》らこういう状態になることをいったものである。

「吾見其不得已」を、一般の諸書は「吾その得ざるを見るのみ」と訓んでいるが、宇恵訓だけが「吾その已《や》むことを得ざるを見る」と訓む。恐らく老子は夏の桀《けつ》王と殷の紂《ちゅう》王の暴君が放伐されたのは、「已《や》むを得ない」と見たのである。

○　三十章　非戦論（１）〈戦争・不道〉◎

道を以て人主を佐《たす》くる者すら、兵を以て天下に強くせず。その事還《かえ》るを好む。

師の処《お》る所には、荊棘《けいきょく》生じ、大軍の後には、必ず凶年有り。善《よ》くする者は果《すく》うのみ。敢《あえ》て以て強を取らず。果《すく》うも矜《ほこ》ること勿《な》く、果《すく》うも伐《ほこ》ること勿《な》く、果《すく》うも驕《おご》ること勿《な》かれ。果《すく》うも已《や》むを得ず。果《すく》うも強くすること勿《な》し。

物壮《さか》んなれば則《すなわ》ち老ゆ。是《こ》れを不道と謂《い》う。不道は早く已《や》む。


以レ道佐二人主一者、不三以レ兵強二天下一。其事好レ還。

師之所レ処、荊棘生焉、大軍之後、必有二凶年一。善者果而已。不二敢以取一レ強。果而勿レ矜、果而勿レ伐、果而勿レ驕。果而不レ得レ已。果而勿レ強。

物壮則老。是謂二不道一。不道早已。

語釈 道＝無為自然の道。兵＝武器、武力、兵力。還＝無為自然の道に帰る。師＝戦争。軍隊。荊棘＝いばら。凶年＝不作の年。果＝すくう（救）。助ける。王注「果は猶《な》お済のごときなり」。済は救う。矜＝音キョウ。ほこる。おごりたかぶる。伐＝ほこる。自分の功績を誇る。驕＝音キョウ。おごる。たかぶる。いばる。壮＝武力の暴興（王注）。年盛り。さかん。

全訳 この道で人君を輔《たす》ける者さえ、武力で天下に強くしない。その為《な》すことは無為に帰る。

戦争は田畑があれ荊棘《いばら》が生える。大戦争の後には必ず凶作の年が続く。善《よ》く戦争をする者は、難を救うことだけで、敢《あえ》て強くなろうとしない。難を救うもうぬぼれない。難を救うも功を誇らない。難を救うも驕《おご》り高ぶらない。難を救うも已《や》むを得ない。難を救うも強くしない。

武力の暴起は一時的。これを不道という。不道は早く止む。

三段的論法　第一段「以道佐人主者」～「其事好還」（主題）　無為自然の道を以て人君を輔《たす》けても、武力で天下に強くしない。

第二段「師之所処」～「果而勿強」（解説）

第一節「師之所処」～「必有凶年」　戦争は田畑を荒らし、不作にする。

第二節「善者果而已」～「果而勿強」　善く戦争する者は、救うだけで強くしない。

第三段「物壮則老」～「不道早已」（結論）　武力は一時的。無為自然の道ではない。

主題で、無為自然の道を以て人君を助けても、武力で国を強くしないと規定し、解説で、戦争は田畑を荒らし、不作が出る、だから難を救うだけで、武力で国を強くしないと説明し、結論で、武力は一時的なもの、無為自然の道ではない、この道は早く已《や》むと結んだ。

評論　本章も解釈がまちまちで、王注は、「好還」（還るを好む）の「還」は「無為に還反する」といっているが、王弼の解釈は妥当でないという説がある（台湾・王雲五主編『老子今註今訳』）。しかし「還」も「反」もかえる（帰）の意であるから、「還」の強意と見ることができる。したがってこのままでよい。

次は「善者果而已」（善《よ》くする者は果《すく》うのみ）の「果」を、一般の諸書は「果たす、勝つ、成る」等に解しているが、王注は「果は猶《な》お済のごときなり」と、「救う」と解している。宇恵訓も「趣きて以て難を済《すく》って已《や》む」と訓んでいる。したがって「救う」と解する王注は、戦争は難を救うことだけで、強国になることではないといっている。「而已」を宇恵訓は「して已《や》む」と訓じているが、限定の助詞「のみ」とするのが、今日の一般的な解釈である。

「物壮《さか》んなれば則《すなわ》ち老ゆ」の「壮」を、王注が「武力の暴興するなり」と武力に限定したのは、本章が戦争に関して述べた章であるからであろう。この句と同じ句が五十五章にもある。また二十三章にある「飄風《ひょうふう》は朝《あした》を終えず。驟雨《しゅうう》は日を終えず」と主旨は同じである。なお、この「物壮」の句は、一般には「元気のよすぎるものは長く続かない」と解されている。

○　三十一章　非戦論(2)〈戦争・佳兵〉◎

それ佳兵は、不祥の器《き》なり。物或いはこれを悪《にく》む。故に有道者は処《お》らず。君子は居れば則《すなわ》ち左を貴《たっと》び、兵を用うれば右を貴ぶ。兵は不祥の器《き》にして、君子の器《き》に非《あら》ず。已《や》むを得ずしてこれを用うれば、恬淡《てんたん》を上と為《な》す。勝つも美とせず。而《しか》るにこれを美とする者は、是《こ》れ人を殺すを楽しむなり。それ人を殺すを楽しむ者は、則ち以て志を天下に得《う》べからず。吉事は左を尚《たっと》び、凶事は右を尚ぶ。偏将軍《へんしょうぐん》は左に居り、上将軍は右に居る。言うこころは、喪礼《そうれい》を以てこれに処《お》る。人を殺すの衆《おお》ければ、哀悲を以てこれに泣き、戦い勝てば、喪礼を以てこれに処《お》る。

夫佳兵者《は》、不祥之器。物或悪之。故有道者不処。

君子居則貴左、用兵貴右。兵者《は》不祥之器、非君子之器。不得已而用之、恬淡為上。

勝而不美。而美之者、是楽殺人。夫楽殺人者、則不可以得志於天下矣。

吉事尚左、凶事尚右。偏将軍居左、上将軍居右。言以喪礼処之。

殺人之衆、以哀悲泣之、戦勝以喪礼処之。

語釈 佳兵＝立派な武器。「佳」は立派な、すぐれたの意。一説に「唯」の誤りと見るが、採らない。不祥＝よくない。不吉。有道者＝無為自然の道の体得者。恬淡＝心が静かであっさりしているさま。偏将軍＝副将軍。上将軍＝大将軍。

全訳 そもそも立派な武器は不祥の器《き》。誰もこれを嫌う。だから有道者はここにはいない。

君子は平常左を尊ぶ。戦争には右を尊ぶ。立派な武器は不祥の器。君子が持つ器ではない。やむなく用いる場合には、恬淡《てんたん》こそ最上である。

勝っても褒《ほ》めない。褒める者は人殺しを楽しむ。そもそも人殺しを楽しむ者は、志を天下に得ない。

吉事には左を尊び、凶事には右を尊ぶ。副将軍は左にいて、大将軍は右にいる。戦争は喪礼《そうれい》なのでこうなのだ。

人殺しが多いと、悲哀を以てこれに泣き、戦い勝てば、喪礼を以てこれに処《お》る。

三段的論法

第一段「夫佳兵者」〜「故有道者不処」（主題）佳兵と有道者。

第二段「君子居則貴左」〜「以喪礼処之」（解説）

第一節「君子居則貴左」〜「恬淡為上」平時は左、戦争は右を尊ぶ。戦争は恬淡が最上。

第二節「勝而不美」〜「則不可以得志於天下矣」人殺しは天下を得ない。

第三節「吉事尚左」〜「以喪礼処之」吉事は左、凶事は右、副将軍は左、大将軍は右、喪礼だから。

第三段「殺人之衆」〜「戦勝以喪礼処之」戦争と喪礼。

主題で、武器は不祥の器とし、有道者はいないと規定し、解説で、戦争は右を尊び、恬淡がよい、人殺しは不可、喪礼を以てするといい、結論で、喪礼を以て結んだ。

評論　『老子』八十一章中、本章は王注がない。その理由は定かでないが、文章が平易であり、戦争否定の主旨のためであろうか。本章は戦争忌避の文章としてよく引用される。因みに六十六章も王注がない。

○　三十二章　理想の政治（5）〈江海〉◎

道は常に名無し。樸《ぼく》は小なりと雖《いえど》も、天下能《よ》く臣とすること莫《な》きなり。侯王《こうおう》若《も》し能くこれを守れば、万物は将《まさ》に自《おのずか》ら賓《したが》わんとす。天地相合《がっ》して、以て甘露《かんろ》を降《くだ》す。民はこれに令すること莫《な》く、自《おのずか》ら均《おさま》る。始めて制すれば名有り。名も亦《ま》た既に有れば、それ亦た将《まさ》に止《とど》まることを知らんとす。止まることを知るは殆《あや》うからざる所以《ゆえん》なり。道の天下に在るを譬《たと》うれば、猶《な》お川谷《せんこく》の江海《こうかい》に於《お》けるがごとし。

道ハ常ニ無レシ名。樸ハ雖レモ小ナリト、天下莫ニキ能ク臣トスルコト一也。侯王若シ能ク守レレバ之ヲ、万物将ニス二自ラ賓ハント一。天地相合シテ、以テ降ス二甘露ヲ一。民ハ莫ニク之ニ令スルコト一、而自ラ均ル。始メテ制スレバ有レリ名。名モ亦タ既ニ有レバ、夫レ亦タ将ニスレ知ラントレ止マルコトヲ。知レルハ止●（上声紙）マルコトヲ所ニ以ナリ不ロル殆●（上声賄）フカラ。

譬フレバ三道之在ルヲ二天下ニ一、猶ホ三《ゴトシ》川谷之於ケルガ二江海ニ一。

語釈 樸＝音ハク。慣ボク。あらき。切り出したままで、細工しない木材。侯王＝一国の君主。賓＝したがう（従）。甘露＝甘いつゆ。天子が善政を行い、天下が太平になると、その瑞兆として天から降らせるという。均＝おさまる（治）。始制＝樸が始めて切りさかれる。譬＝音ヒ。たとえる。

全訳 この道は常に名がない。樸《ぼく》は小さくても、世の中は臣とすることができない。一国の君主が、この樸のありのままを守ったら、万物は自然に付き従ってくるだろう。それは天地が相和合して甘露《かんろ》を降《くだ》すように、民は命令しなくても自然に治まる。樸が切られると名のある器物がさまざま出来る。名がもはや出来るとまた限界を心得る。限界を心得ると何事も危うくない。

この道の人が世の中を治めるのは、川や谷の水が、自然に大河や海に流れ入るようだ。

三段的論法

第一段「道常無名」～「天下莫能臣也」（主題）無為自然の道と樸。

第二段「侯王若能守之」～「知止所以不殆」（解説）

第一節「侯王若能守之」～「而自均」樸と侯王。

第二節「始制有名」～「知止所以不殆」器に対する侯王の態度。

第三段「譬道之在天下、猶川谷之於江海」（結論）無為自然の道の侯王と川谷。

主題で、無為自然の道と樸の関係を規定し、解説で、この道の別称である樸《ぼく》と侯王《こうおう》の関係を説明し、結論で、この道の侯王は川谷《せんこく》と江海《こうかい》の関係にあると結んだ。

評論 無為自然の道の別称の「樸《ぼく》」の本性をいい、これを一国の君主の政治の在り方とし、官長の任命と知止を述べ、この道に基づく政治は、川谷と江海の関係のようなものであると結論づけた。
要は、「樸」から一国の君主の政治の理想を論じた章である。「天地相合《がっ》して、以て甘露《かんろ》を降《くだ》す」は、君主がこの道に順って政治をする例証である。「止《とど》まることを知る」は、分をわきまえ限界を知ることで、『大学』に「止《とど》まるを知りて后《のち》に定まる有り」とあるのと同じ意である。

△ 三十三章　亡びざる者は寿し

人を知る者は智なり。自《みずか》ら知る者は明なり。
人に勝つ者は力有り。自ら勝つ者は強し。
足ることを知る者は富み、強《つと》めて行う者は志有り。
その所を失わざる者は久しく、死して亡《ほろ》びざる者は寿《いのちなが》し。

知ル㆑人ヲ者ハ智ナリ。自ラ知ル者ハ明○ナリ（下平庚）。
勝ツ㆑人ニ者ハ有リ㆑力。自ラ勝ツ者ハ強○シ（下平陽）。

知ルレ足ルコトヲ者ハ富ミ、強メテ行フ者ハ有リレ志。（去声寘）
不ルレ失ハ二其ノ所ヲ一者ハ久シク、死シテ而不ルレ亡ビ者ハ寿シ。（去声宥）

語釈 者＝ことの意。人ではない。智＝知恵。知る働き。明＝明知・英知。人間が本来持っている知力。物事を見分ける知力。富＝心が豊かになる。強＝つとめる。志＝目的に向かって進む。之＋心の形声。之（止）は足跡の形。止は之《ゆく》の原形。こころの行き向かうこと。こころざすの意。所＝無為自然の道に則った立場。寿＝寿命がいつまでも続く。

全訳 他人を知るのは知恵だけでいい。己を知るのは英知である。
他人に勝つのは力だけで勝てる。己に勝つのは何物にも勝《まさ》る。
足ることを知る人は心が豊かになり、努力し続ける人は望みが叶《かな》う。
己の立場を凝視《みつめ》る人は長く久しい生命の人よ。死んでも長く残る人こそ真の長寿《ながいき》できた人。

三段的論法
第一段「知人者智。自知者明」（主題） 己を知るのが明。
第二段「勝人者有力」～「強行者有志」（解説）
第一節「勝人者有力。自勝者強」 己に勝つ者が真の強者。
第二節「知足者富。強行者有志」 知足と強行。
第三段「不失其所者久。死而不亡者寿」（結論） 立場と長寿。
主題で、己を知ることが明であると規定し、解説で、己に勝つこと、足るを知り、志を持つことを説明し、結論で、己を知るから、立場を失わず、「無為自然の道」に順って真正に生きるから、真の長寿になると結んだ。

評論 ここには重大な問題が二つある。一つは「所」の解釈である。先学はいろいろの解釈をしているが、これは「無為自然の道」をいったものである。

次は王注の「況《いわ》んや身存して道卒《おわ》らざるをや」（況身存而道不卒乎）である。ここを解釈している書は、内外のどの研究書も見当たらない。「況…乎」は、前者より後者を称揚した抑揚形であるから、前者をA、後者をBとすると、AよりBの方がよいという意となる。これに即して王注の「身没して道猶《な》お存す。況《いわ》んや身存して道卒《おわ》らざるをや」は、「身が亡《な》くなっても、この『無為自然の道』はやはり存している。まして生存中に『無為自然の道』が亡くなるということのないのは、なおさらである」、人は死んでも「無為自然の道」はある、まして生きている中に「無為自然の道」が亡くなることはない、だから、「無為自然の道」に順って生き続けたら、死後名が長く残るのは、なおさらである、というのである。

また次のようにも解される。死んでもその人の生き方は亡《ほろ》びないから、その生き方の寿命を全うすることができる。まして生存中に、その人の生き方が真正（ありのままで正しい生き方。無為自然の道）であれば、その生き方が残るのはなおさらである。

人間の生き方は、死して名を残すためではない。生前この道に順って最善の生き方をすることこそ、本物の生き方なのである。その成果として、死後自然にその名が残る。それが「寿《いのちなが》し」なのである。

哲人ギリシャのソクラテスは、「汝自らの無知を知れ」といい、イエス・キリストは、「汝ら己がために財宝を天に積め」（マタイ伝）といった。老子もまた、ここで、人間の真の英知、真の富、真の勇気の、真に永遠なるものについて語っている。ソクラテスの戒めには、人間の英知への目覚めが根底にあり、イエス・キリストの教えには、神と天国が前提にあるのに対し、老子は、「無為自然の道」に復帰することが、究極の目標であるとした。

孔子が人間関係を中心に、「仁」を最高徳目として説いたのに対して、老子は、自己凝視の立場から、内省の深さこそ己を知る英知であって、「自《みずか》ら知る者は明なり」といった。孔子の対他的に対し、老子はあくまでも対己的の思惟である。『荘子』も「吾が謂《い》う所の明とは、その彼を謂うに非ざるなり。自《みずか》ら見るのみ」（駢拇《べんぼ》篇）といっている。王注も「明を以て自《みずか》ら察し力を量《はか》りて行えば、その所を失わず、必ず久長を獲《え》るなり」という。「その所」とは、「無為自然の道」に順った立場である。

要するに、本章は、「己を知る真の英知が、人間存在の最高の範疇である」ことを、老子は強調したのである。

私が『老子』の研究に心を惹かれたのは、この三十三章の「死して亡《ほろ》びざる者は寿《いのちなが》し」に付した王注、「身没して道猶《な》お存す。況《いわ》んや身存して道卒《おわ》らざるをや」の語によってである。この注の語がなかったら、私は通り一遍の研究に終わっていたであろう。

私はこの語によって、この老骨が叱咤《しった》され、研究する意欲を駆り立てられた。人間一生の仕事はどんなに精出して励んでも限りがある。しかし真実を求め、永遠の生命があるものは、老子の「無為自然の道」に則って、わが身を処していくことであると悟った。

名誉や地位のために汲々としていることの愚かさが、今更のように身に沁みてきた。孟子の言う「天爵」こそ「人爵」に勝《まさ》るものであることが、人間として生きる根本であることを痛感する。私は、私に残された余生を、日々これ「自彊息《じきょうや》まず」（『易経』「乾」）の心意気で、「掛け替えのない人生」を送ることを念願している。

○ 三十四章　道の功用（4）〈常無欲〉

大道《たいどう》は汎《はん》として、それ左右すべし。万物はこれを恃《たの》みて生ずるも辞せず。功成るも名有らず。万物を衣養《いよう》するも主《しゅ》と為《な》らず。常《じょう》無欲《むよく》は小に名づくべし。万物帰するも、主と為《な》らず。名づけて大と為《な》すべし。その終《つい》に自《みずか》ら大と為らざるを以て、故に能《よ》くその大を成す。

大道ハ汎トシテ兮、其レ可シ二左右一ス。

万物恃之而生而不辞。功成不名有。衣養万物而不為主。常無欲可名於小。
万物帰焉、而不為主。可名為大。
以其終不自為大、故能成其大。

語釈 汎＝氾濫するさま。あふれ広がる。可左右＝上下周旋（めぐりかえる）して作用する。不辞＝いわない。衣養＝つつみ養う。「衣」はつつむ。おおう。常無欲＝無の別称。一章に見ゆ。

全訳 この大きな道は溢《あふ》れ広がって、上下にめぐりかえる。

万物はこの大きな道のおかげで生じるが、この大きな道は何もいわない。功績を成しても名を持たない。養っても主人とならない。常無欲《じょうむよく》（無）のこの道は小と名づけられる。

万物はこの道で生長するが、この道は由《よ》る所がわからない。だから大と名づけられる。

全く自《みずか》ら大としない。だから大をなせるのだ。

三段的論法

第一段「大道汎兮、其可左右」（主題）無為自然の大道の本性。

第二段「万物恃之而生而不辞」～「可名為大」（解説）

第一節「万物恃之而生而不辞」～「常無欲可名於小」この道の小なる説明。

第二節「万物帰焉」～「可名為大」この道の大なる説明。

第三段「以其終不自為大、故能成其大」（結論）この道の功用。

主題で、無為自然の道を大道といって、その本性を規定し、解説で、その本性は小であるが、また大であることを説明し、結論で、この道は大を成すで結んだ。

評論 「万物はこれを恃《たの》みて生ずるも辞せず。……万物を衣養《いよう》するも主《しゅ》と為《な》らず」の文は、二章の「万物作《おこ》るも辞せず。……功成るも居《お》らず」と内容上ほぼ同じで、無為自然の道の作用をいった所である。

「常無欲は」は本章と一章に二箇所あるだけであるが、いずれも「真の無欲」をいった語で、「無為自然の道」の別称である。

「万物帰焉」（万物帰するも）の「焉」は終助詞であるが、「これ」という代名詞の意があるから、無為自然の道を指している。

「その終《つい》に自《みずか》ら大と為《な》らざるを以て、故に能《よ》くその大を成す」の文は、六十三章に「終《つい》に大を為《な》さず。故に能《よ》くその大を成す」とあるが、後者には「自」の一字がないのは、前に「是《ここ》を以て聖人は」とあるので、省略したのであろう。内容上は同じである。

本章は道の功用を説明したもので、「道」は万物を生長させ、養育するが、主《しゅ》とならない。これが万物に施すことがないようであるから「小」といえるが、万物はこの「道」に順って生育しているのに、万物にどうしてそのようになるかを知らないようにさせている。だから「大」というのである。

○ 三十五章　大象の道

大象《たいしょう》を執《と》れば、天下に往く。

往くも害せず。安・平・大なり。

楽《がく》と餌《じ》とは、過客止《かかくとど》まる。道の口より出《い》だすは、淡乎《たんこ》としてそれ味無し。これを視《み》るも見るに足らず。これを聴くも聞くに足らず。

これを用うれば、既《つ》くすべからず。


執レバ二大象ヲ一、天下ニ往ク。

往クモ而不レ害セ。安平大ナリ。

楽ト与ハ餌、過客止マル。道之出ダスハレ口ヨリ、淡乎トシテ其レ無シレ味。視ルモレ之ヲ不レ足ラレ見ルニ。聴クモレ之ヲ不レ足ラレ聞クニ。

用フレバレ之ヲ、不レ可カラレ既クス。

語釈 大象＝極めて大きな形象。四十一章に「大象は形無し」とある。無為自然の道の別称。執＝守る。既＝つくす（尽）。終わる。

全訳 この大象《たいしょう》を執《と》ると、天下はどこへでも行ける。

万物はどこへでも行け、妨害されなく、大いに安らかだ。

音楽と餌《え》には、旅人は足を止める。この道を口にすると、あっさりとして味がなく、視《み》ても見るに足らず、聴いても聞くに足らない。

しかしこの道を用いると、無尽蔵だ。

三段的論法 第一段「執大象、天下往」（主題） 大象の本性。

第二段「往而不害」～「聴之不足聞」（解説）

第一節「往而不害」～「安平大」 大象の徳。

第二節「楽与餌」～「聴之不足聞」 大象と楽・餌との比較。

第三段「用之、不可既」（結論） 大象の功用。

主題で、大象《たいしょう》である無為自然の道の本性を規定し、解説で、大象の徳と、楽《がく》・餌《じ》の比較を述べ、結論で、大象の功用で結んだ。

評論 「大象《たいしょう》を執《と》れば、天下に往く」は、人君の政治に、王注は準《なぞら》えている。政治の在り方を、この大象の本性で述べている。

万物はこの大象の道を得て行くと、どこへでも行けて妨害がなく、安全が大きい。しかし音楽や餌のように旅人には喜ばれない。恬淡無味で、視聴にはならないが、その働きは無尽蔵であるという。「往くも害せず」は、人を含む万物である。王弼が「万物は往くを得て」と注しているので分かる。万物の生長無事をいう。

△　三十六章　柔弱の徳（1）〈微明〉◎

これを歙《おさ》めんと将欲《ほっ》すれば、必ず固《しばら》くこれを張る。これを弱めんと将欲《ほっ》すれば、必ず固《しばら》くこれを強くす。これを廃せんと将欲《ほっ》すれば、必ず固《しばら》くこれを興《おこ》す。これを奪わんと将欲《ほっ》すれば、必ず固《しばら》くこれを与う。これを微明《びめい》と謂《い》う。

柔弱は剛強に勝つ。

魚《うお》は淵《ふち》を脱すべからず。国の利器《りき》は、以て人に示すべからず。


将欲歙之、必固張之。将欲弱之、必固強之。将欲廃之、必固興之。将欲奪之、必固与之。是謂微明。

柔弱勝剛強。

魚不可脱於淵。国之利器、不可以示人。

語釈 将欲＝…ト欲ス。歙＝収める。音キュウ。斂と同じ。固＝しばらく（姑）。張＝拡張する。

全訳 収めようとすれば、必ずしばらく羽を伸ばさせる。弱めようとすれば、必ずしばらく強くする。廃そうとすれば、必ずしばらく興《おこ》す。奪おうとすれば、必ずしばらく与える。これを微明《びめい》という。

柔弱は剛強に勝つ。

魚《うお》は淵《ふち》から出ると死ぬ。国の利器は、刑罰を用いてはいけない。


変形三段的論法　第一段「将欲歙之」～「是謂微明」（解説）主題を歙張、弱強、廃興、奪与の四つのものを挙げて説明。

第二段「柔弱勝剛強」（主題）柔弱は剛強に勝つ。

第三段「魚不可脱於淵。国之利器、不可以示人」（結論）国の利器と刑罰。

主題で、柔弱と剛強を規定し、解説で、歙《きゅう》張、弱強、廃興、奪与の四つのものを列挙して説明し、結論で、国家の利器と刑罰で結んだ。


評論 本章は主題と解説が入れ替わっている。これは解説を強調するためである。それで変形三段的論法と名づけた。

本章で、王注が一般の諸書と根本的に違うところは、まず「歙《きゅう》」の解釈である。これを「ちぢむ」と訓じて、弓張り提灯や尺取り虫に譬えて、老子の逆説とか、権謀術数の政治思想であるとかいっているが、これは曲解で、老子の「無為自然の道」の根幹に反する解釈である。

王注は「歙」を「収める。止める」、すなわち「斂」の意に解している。古本、帛書《はくしょ》、『韓非子』喩老《ゆろう》篇は、「翕」に作っている。古字は歙・翕は通用していた。王弼は、「又その張るを求むるは、則《すなわ》ち衆の歛《おさ》むる所なり」と注している。したがって本文は「おさむ」と訓むのがよい。この四つが、「強梁《きょうりょう》を除き、暴乱を去る」（王注）方法であるという。

次に終わりの「魚《うお》は淵《ふち》を脱すべからず。国の利器《りき》は、以て人に示すべからず」の解釈である。諸書は、魚は淵から脱け出ないように、国を治める鋭利な道具は懐にひそかにしまっておいて、むやみに人に見せてはいけないものであるといっているが、王注は全く違った意味に取っている。「利器は、国を利する器で、物各々がその所を得ることである。これは物の本性に因ってするので外からの形で物を治めるのではない」と王注はいっている。「物の性に因る」というのは、「無為自然の道」に順ってすることをいっている。「形を仮《か》りて」の「形」は、有為《ゆうい》の権道や賞罰、聖智、仁義、功利等を指している。ここでは「人に示すは、刑に任すなり」（人に示すのは、刑に任せるのである）と注しているから、「刑罰」を以てすることになる。そこで「魚《うお》は淵《ふち》より脱すれば、則《すなわ》ち必ず失うを見る。国を利するの器にして、刑を立てて人に示すは亦《ま》た必ず失うなり」といって、外からの有為の刑罰を用いてはいけないことを言明したのである。

薛蕙《せっけい》は、「利器は、国の威武権勢の喩え、剛強は危亡の道であり、柔弱は安泰の道である。国家を保つ者は、強大を頼ってはいけない。魚は深く淵に潜んでいるからこそ活きていられる。国は柔弱を守ることが安泰で、そうでないと国は保たれない」（『老子集解』）と、国家は柔弱を守ることが肝腎であるといっている。

本章は問題が多い。『韓非子』「喩老篇・内儲説《ちょぜい》下篇」、『淮南子《えなんじ》』「道応篇」に引用され、法家との関連の根拠とされ、諸書は「国の利器」は、賞罰の大権を指しており、権謀術数の文に解している。また、老子は陰謀家と責めている。しかし范応元《はんおうげん》は「この数句を以て権謀の術に属するは、非なり」（『老子道経古本義注』）、高亨《こうこう》は「老子を陰謀家と斥《せ》むるは、非なり」（『老子正詁』）といっている。

要は「柔弱は剛強に勝つ」が本章の主題であるから、「無為自然の道」の別称「柔弱」を力説した章とするのが、最も妥当な解釈である。

○　三十七章　理想の政治（6）〈樸〉◎

道は常無為《じょうむい》にして、而《しか》も為《な》さざること無し。

侯王《こうおう》若《も》し能《よ》くこれを守れば、万物は将《まさ》に自《おのずか》ら化《か》せんとす。

化して作《おこ》らんと欲すれば、吾将《まさ》にこれを鎮むるに、無名の樸《ぼく》を以てせんとす。無名の樸は、
それ亦《ま》た将《は》た無欲なり。

不欲にして以て静かなれば、天下は将《まさ》に自《おのずか》ら定まらんとす。

道ハ常無為ニシテ、而モ無シレ不ルコトレ為サ。

侯王若シ能ク守レバレ之ヲ、万物ハ将ニ二自ラ化セント一。

化シテ而欲スレバレ作ラント、吾将ニ三鎮ムルニレ之ヲ、以テセント二無名之樸ヲ一。無名之樸ハ、夫レ亦タ将タ無欲ナリ。

不欲ニシテ以テ静カナレバ、天下ハ将ニ二自ラ定マラント一。

語釈 道＝無為自然の道。常無為＝無為自然の道の別称。将＝はた。それともまた。それなのに。

全訳 この道は常無為、それでいて何でもする。

一国の君主がこの道を守ったら、万物は自《おの》ずと生長化育する。

生長化育に欲望を起こすと、わたしは無名の樸《ぼく》で鎮めよう。無名の樸もまた無欲である。

不欲で静かであると、世の中は自然に治まるであろう。

三段的論法 第一段 「道常無為、而無不為」（主題） この無為自然の道は、常無為。

第二段 「侯王若能守之」～「夫亦将無欲」（解説）

第一節 「侯王若能守之、万物将自化」 侯王と無為。

第二節 「化而欲作」～「夫亦将無欲」 無名の樸。

第三段 「不欲以静、天下将自定」（結論） 無欲の功用。

主題で、無為自然の道を常無《じょうむ》為《い》と規定し、解説で、侯王と無為、樸と無欲をいい、結論で、不欲（無欲）の功用で結んだ。

評論 本章は、三十二章の「道は常に名無し」と内容が通じている。「静」は十六章の「静を篤《あつ》きに守れば」「根《こん》に帰るを静と曰《い》う」と同意。また五十七章の「我《われ》無為にして民自《おのずか》ら化《か》し、我《われ》静を好みて民自《おのずか》ら正しく、我《われ》無事《ぶじ》にして民自《おのずか》ら富み、我《われ》無欲にして民自《おのずか》ら樸《ぼく》なり」と内容が同じである。

「将無欲」の「将」は、一般の諸書は「将《まさ》に…せんとす」と再読文字に訓んでいるが、宇恵訓は、「はた」と訓んでいる。王注が「欲の競うこと無きなり」と注しているから、「はた」（それともまた）と読むのが妥当である。

「不欲」は、焦竑《しょうこう》の『考異』は、「無欲」に作るといっている。両者は同意である（素軒注）。

老子

下篇（徳経）

△ 三十八章　上徳・下徳

上徳は徳とせず。是《ここ》を以て徳有り。下徳は徳を失わず。是を以て徳無し。上徳は為《な》すこと無くして以て為すこと無く、下徳はこれを為《な》して以て為すこと有り。

上仁はこれを為《な》して以て為すこと無く、上義はこれを為《な》して以て為すこと有り。上礼はこれを為《な》してこれに応ずること莫《な》ければ、則《すなわ》ち臂《ひじ》を攘《はら》いてこれを扔《ひ》く。

故に道を失いて而《しこう》して後《のち》に徳あり。徳を失いて而《しこう》して後に仁あり。仁を失いて而《しこう》して後に義あり。義を失いて而《しこう》して後に礼あり。

それ礼は、忠信の薄きにして、乱の首《はじ》めなり。前識は、道の華《か》にして、愚の始めなり。是《ここ》を以て大丈夫《だいじょうふ》は、その厚きに処《お》りて、その薄きに居《お》らず。その実に処りて、その華《か》に居らず。故に彼を去りて此《これ》を取る。

上徳ハ不レ徳《入声職》トセ。是ヲ以テ有リレ徳。下徳ハ不レ失ハレ徳ヲ。是ヲ以テ無シレ徳。上徳ハ無レクシテ為《去声寘》スコト而無ニク以テ為、下徳為之而有以為。

上仁為之而無以為。上義為之而有以為。上礼為之而莫之応、

則攘臂而扔之。

故失道而後徳。失徳而後仁。失仁而後義。失義而後礼。

夫礼者《は》、忠信之薄、而乱之首。前識者《は》、道之華、而愚之始。

是以大丈夫、処其厚、不居其薄。処其実、不居其華。故去彼取此。

語釈 上徳＝無為自然の道の徳。徳＝「徳は得なり。常に得て喪《うしな》うことなく、利して害することなし」（王注）。無以為＝有為《ゆうい》を以てすることがない。上礼＝有為を以てする礼。臂＝音ヒ。うで。ひじ。扔＝音ジョウ。引く。無理に手で引く。つく（就）の解もある。而後＝そうして後。前識＝「人に前《さき》んじて識《し》るなり」（王注）。人より先に識《し》ることで、下徳の類である。華＝あだ花。大丈夫＝意志の強い立派な男。ますらお。大は美称。実＝篤実。真実。

全訳 上徳は徳を意識しない。だから徳がある。下徳は徳を意識する。だから徳がない。上徳は有為《ゆうい》で為《な》さないでありのまま、下徳は有為で為して徳を為す。

上仁は有為で為してありのまま、上義は有為で為して義を成し、上礼は有為で為して応じないと、腕まくりして引き入れる。

だからこの道を失ってそうして後に徳が生じ、徳を失ってそうして後に仁が生じ、仁を失ってそうして後に礼が生じる。

礼は忠信が薄く乱の始め。前識はこの道のあだ花で愚の始め。

だから大丈夫は厚い忠信にいて、薄い礼にはいない。真実にいてあだ花にはいない。だからあだ花

を去って真実を取る。

三段的論法　第一段　「上徳不徳」〜「下徳為之而有以為」（主題）　上徳と下徳の違い。
第二段　「上仁為之而無以為」〜「而愚之始」（解説）
第一節　「上仁為之而無以為」〜「則攘臂而扔之」　上仁、上義、上礼の功用。
第二節　「故失道而後徳」〜「失義而後礼」　無為自然の道と徳・仁・義・礼の関係。
第三節　「夫礼者」〜「而愚之始」　礼と前識の欠点。
第三段　「是以大丈夫」〜「故去彼取此」（結論）　大丈夫は下徳を捨てて上徳を取る。

主題で、上徳と下徳の違いを規定し、解説で、上仁、上義、上礼を説明し、無為自然の道との関係を述べ、礼と前識の欠点を挙げ、結論で、大丈夫は下徳を捨てて上徳を取ると結んだ。

評論　本章には『老子』八十一章中、最も長く詳しい王注がある。いかに王弼《おうひつ》が精魂を込めて注したかが覗《うかが》われる。思うに、下篇の最初の章であり、「徳」に関しての文であるので、詳述したのであろう。

然るに、一般の諸書には、この王注を取り上げて解釈した書は、一書も見当たらない。したがって下徳についての説明は、全く王注と違っている。王注は「凡《すべ》て無為なること能《あた》わずしてこれを為《な》す者は、皆下徳なり。仁義礼節は是《こ》れなり」（すべて無為であることができないで徳をなすのは皆下徳である。仁義礼節はこれである）といい、更に「下徳は下の量（分量）にて上仁は是《こ》れなり」といっている。この注に拠れば、上仁、上義、上礼は、皆下徳に属していることになる。

それを、「上仁」を上徳と下徳の中間に置いたり（『福永老子』）、「徳・仁・義・礼の四者に段階があって、徳を上と為《な》し、次に仁、その次に義、最下に礼とし、相継いで生じる」（高明説）といっている。

さらに下徳は「これを為《な》して以て為すこと有り」と、上義は「これを為して以て為すこと有り」は表現が同じであり、前者は甲・乙の両帛書《はくしょ》にないから衍文《えんぶん》であるという説もあるが、明和本にはそのまま入っている。これは、王注は、「下徳は上徳に対しての語であり、この中には、上仁、上義、上礼等の徳の語を総括していったもので、その中に上義は『以て為すこと有り』と、有為の義を以て義を成す」と解しているため、下徳と上義の範疇が違うから、王注は衍文でないとして解したのであろう。

本章は難解である。全訳を読んでもすうっと理解されない。そこで繰り返し繰り返し読んでいくと、少しずつ不明の皮が剝《は》がれてくる。老子の哲学の深奥さの証左である。例えば「道を失いて而《しこう》して後に徳あり」云々は、無為自然の道を意識しなくなって、そうして後に「無為自然の道の徳」が生じる。この徳を意識しなくなって、そうして後、仁があり、義があり、礼がある。だから「礼は忠信が薄くなり、乱の始めになる」というのである。詳細は拙著『老子真解』を熟読していただきたい。

○ 三十九章　得一の功用（昔の一を得たる者は……）

昔《はじ》めの一を得たる者は、天は一を得て以て清く、地は一を得て以て寧《やす》く、神《かみ》は一を得て以て霊に、谷は一を得て以て盈《み》ち、万物は一を得て以て生じ、侯王《こうおう》は一を得て以て天下の貞を為《な》す。それこれを致すは一なればなり。

天は以て清きこと無ければ、将《は》た恐らくは裂《さ》けん。地は以て寧《やす》きこと無ければ、将《は》た恐らくは発《くず》れん。神は以て霊なること無ければ、将《は》た恐らくは歇《や》まん。谷は以て盈《み》つること無ければ、将《は》た恐らくは竭《つ》きん。万物は以て生ずること無ければ、将《は》た恐らくは滅びん。侯王は以て貴高なること無ければ、将《は》た恐らくは蹶《つま》ずかん。

故に貴《たっと》きは賤しきを以て本《もと》と為《な》し、高きは下《ひく》きを以て基《もと》と為す。是《ここ》を以て侯王は、自《みずか》ら孤《こ》・寡《か》・不穀《ふこく》と謂《い》う。これ賤しきを以て本と為すに非《あら》ずや。非《ひ》か。

故に数《しば》しば誉《ほ》むるを致せば、誉れ無し。琭琭《ろくろく》として玉の如く、珞珞《らくらく》として石の如きを欲せず。

昔之得一者、天得一以清、地得一以寧、神得一以霊、谷得一以盈、万物得一以生、侯王得一以為天下貞。其致之一也。

天無以清、将恐裂。地無以寧、将恐発。神無以霊、将恐歇。谷無以盈、将恐竭。万物無以生、将恐滅。侯王無以貴高、将恐蹷。

故貴以賤為本、高以下為基。是以侯王、自謂孤寡不穀。此非以賤為本耶。非乎。

故致数誉無誉。不欲琭琭如玉、珞珞如石。

語釈 **昔**＝はじめ。王注「昔は始めなり」。**一**＝数の始めで物の極である（王注）。**貞**＝正。あるじ（主）。長《おさ》。帛書《はくしょ》は正。**発**＝くずれる（廃）（厳霊峯説）。**歇**＝音ケツ。つまずく。たおれる。**孤寡不穀**＝138頁語釈参照。**数**＝しばしば。**琭琭**＝音ロク。玉の美しいさま。**珞珞**＝音ラク。小石の多いさま。小石がごろごろしているさま。

全訳 初めて一を得る者は、天は一を得て清く、地は一を得て安らかに、神《かみ》は一を得て霊妙で、谷は一を得て盈《み》ち、万物は一を得て生じ、侯王《こうおう》は一を得て天下の長《おさ》となる。これをするのは一だからだ。
天が一を得て清くないと恐らくは裂けるであろう。地が一を得て安らかでないと恐らくは崩れるであろう。神が一を得て霊妙でないと恐らくは働きが止まるであろう。谷が一を得て盈《み》ちないと恐らくは涸《か》れるであろう。万物が一を得て生じないと恐らくは滅びるであろう。侯王が一を得て貴高でないと恐らくは蹷《たお》れるであろう。

だから貴いのは賤しいのが本《もと》、高いのは低いのが基《もと》。そういうわけで君主は自《みずか》らを孤《こ》・寡《か》・不穀《ふこく》という。これは賤しいのを本とするからだ。そうではないか。

だから度々誉《ほ》めると誉《ほま》れはない。美しい玉、ごろごろの石、このようなのは欲しくない。形だけだからだ。

変形三段的論法

第一段 「昔之得一者」〜「其致之一也」（主題） 一を得た者の例。

第二段 「天無以清」〜「非乎」（解説）

第一節 「天無以清」〜「将恐蹷」 一を得ない結果の列挙。

第二節 「故貴以賤為本」〜「非乎」 賤下は貴高の本と侯王。

第三段 「故致数誉無誉」〜「珞珞如石」（結論） 万物は名誉や形ではなく、一なる母が根源。

主題で、一を得た者を列挙し、解説で、一を得ない結果を列挙し、貴高は賤下が本であることを侯王で示し、結論で、万物は名誉や形ではなく、一なる母が根源であると結んだ。

評論 無為自然の道である「一」は、万物を始める母である。これを守ることが、「無為自然の道」であるという。

「一」を得ると、天・地・神・谷・万物・侯王は、清・寧・霊・盈・生・貞となり、得ないと、裂・発・歇・竭・滅・蹷となる。「一」は数の始めで、「無為自然の道」であり、万物を生み出すから「母」でもある。この道は、賤しいのを本とし、低いのを基とするから、侯王の自称、孤・寡・不穀等の語となる。度々誉めると誉めないのと同じであり、美しい玉やごろごろと多い小石は形だけで欲しくない。欲しいのは万物の「母」であるという。

「其致之」の下に「一也」を補ったのは、傅奕《ふえき》本・范応元《はんおうげん》本などに拠った。王雲五《おううんご》本は、帛書《はくしょ》に「也」字があるのを以て、「其致之也」とし、「推してこれを言う」と解し、次の文の冒頭に置いている。

「貴高」は、范応元本は「為貞」（貞と為《な》る）になっている。王弼本が「貴高」と書いているのは、下文に「貴きは賤しきを以て本《もと》と為《な》し、高きは下《ひく》きを以て基《もと》と為《な》す」の二句があるためであろうという『福永本』に賛成する。

「琭琭《ろくろく》として玉の如く、珞珞《らくらく》として石の如き」は、形に尽きるから、両方とも「欲せず」と、王注は結んでいる。

○ 四十章　道の運動

> 反は道の動なり。
> 弱は道の用なり。
> 天下の万物は、有より生じ、有は無より生ず。

反者は、道之動ナリ。（去声送）
弱者は、道之用ナリ。（去声宋）
天下ノ万物ハ、生ジ二於有ヨリ一、有ハ生ズ二於無ヨリ一。

語釈 有＝天地。一章の「無名は天地の始め」の「天地」である。

全訳 反対は道の運動。
柔弱は道の作用。
世の中の万物は天地から生まれ、天地は無から生まれる。

三段的論法 第一段「反者、道之動」（主題）反対が道の運動。
第二段「弱者、道之用」（解説）柔弱は道の作用。
第三段「天下万物、生於有、有生於無」（結論）無は有の根源。

主題で、無為自然の道の運動は反対であると規定し、解説で、この道の別称、「柔弱」の作用をいい、結論で、「無」が「有」の根源であると結んだ。

評論 「反」を「復《かえ》る」に解しているのが一般の諸書である。王注は「反対」に解している。本章は一章と相通じ、「有・無」の関係を反対の運動と見なした。

「反は、道の動なり」は、「無為自然の道」の運動は反対であることを、王弼は、三十九章の「貴《たっと》きは賤しきを以て本《もと》と為《な》し、高きは下《ひく》きを以て基《もと》と為《な》す」を引用して、「有」は反対の「無」から生じることを説明している。

○ 四十一章　道の本体（6）〈大器晩成〉

上士は道を聞けば、勤《つと》めてこれを行う。中士は道を聞けば、存するが若《ごと》く亡《な》きが若《ごと》く、下士は道を聞けば、大いにこれを笑う。笑わざれば以て道と為《な》すに足らず。故に建言してこれ有り。明道は昧《くら》きが若《ごと》く、進退は退くが若《ごと》く、夷道《いどう》は纇《らい》の若《ごと》く、上徳は谷の若《ごと》く、太白《たいはく》は辱《くろ》きが若《ごと》く、広徳は足らざるが若《ごと》く、建徳は偸《いや》しきが若《ごと》く、質真《しっしん》は渝《かわ》るが若《ごと》し。大方《たいほう》は隅《すみ》無し。大器は晩成す。大音は希声《きせい》なり。大象《たいしょう》は形無し。道は隠れて名無し。それ唯《た》だ道は善《よ》く貸し且《か》つ成す。

上士聞道、勤而行之。中士聞道、若存若亡、下士聞道、大笑之。不笑不足以為道。
故建言有之。明道若昧、進退若退、夷道若纇、上徳若谷、太白若辱、広徳若不足、建徳若偸、質真若渝。大方無隅。大器晩成。大音希声ナリ。大象ハ無レシ形。

道ハ隠レテ無レシ名。夫レ唯ダ道ハ善ク貸シ且ツ成ス。

語釈 上士＝すぐれた人物。建言＝立言。後世の戒めとなる言葉。夷道＝平らな道。纇＝音ライ。しずか。でこぼこ道と解する説もある。上徳＝すぐれた徳。無為自然の道の徳。太白＝甚だ白い。辱＝黔《けん》と同じ。黒い。広徳＝広大な徳。無為自然の道の徳。建徳＝確固とした徳。無為自然の道の徳。偸＝音トウ。匹の意。偸は匹なり（王注）。匹は卑しい。質真＝ありのままの質。無為自然の道の質。渝＝音ユ。かわる。変化する。大方＝隅がない四角。無為自然の道の姿。大器＝永遠に未完成なもの。大きく立派な器。無為自然の道の器。希声＝聴くことができない音。無為自然の道の音。大象＝最も大きい象《かたち》。無為自然の道の象。善貸且成＝無為自然の道を物に貸すと、長くこの徳が続く。

全訳 優れた人は道を聞くと勤《つと》めて実行する。中等の人は道を聞くと半信半疑である。下等の人は道を聞くと大笑する。大笑しないと道とするに十分でない。だから立言《りつげん》にある。明らかな道は暗いようであり、進む道は後から行くようであり、平らな道は静かなようであり、優れた徳は抱く谷のようであり、最も白いのは黒いようであり、広大な徳は足りないようであり、確固とした徳は卑しいようであり、質実なありのままは変わるようである。この上ない大きい四角は角がない。偉大な人物は晩《おそ》く大成する。大音は微かな音である。大象は形がない、と。

だから、道は隠れて名がない。それでいてただ善《よ》く物に貸し与え、その上生育を成し遂げる。

三段的論法
第一段「上士聞道」～「不笑不足以為道」（主題）道に対する上士・中士・下士の違い。
第二段「故建言有之」～「大象無形」（解説）建言の内容。
第三段「道隠無名。夫唯道善貸且成」（結論）道の本質と功用。

主題で、道に対して、上士・中士・下士の違いを規定し、解説で、建言の内容を説明し、結論で、道の本質と功用で結んだ。

評論　道は「無為自然の道」であるが、万物に恩恵を施し、その本性を全うさせる。帛書《はくしょ》乙本は「大器免成」とある。大器は永遠に未完成なものであると解している。王弼の時は帛書乙本はないから、王注本通りでよい。

本章は「無為自然の道」を「上士・明道・進道・夷道・上徳・太白・広徳・建徳・質真・大方・大器・大音・大象」等の別称を用いて説明している。

「笑わざれば以て道と為《な》すに足らず」は、下士は「無為自然の道」が分からないから、こんなものかと笑うが、それが本当の「無為自然の道」なのだという。

○　四十二章　柔弱の徳（2）〈強梁〉◎

> 道は一を生じ、一は二を生じ、二は三を生じ、三は万物を生ず。
> 万物は陰を負いて陽を抱《いだ》き、冲気《ちゅうき》以て和を為《な》す。
> 人の悪《にく》む所は、唯《た》だ孤《こ》・寡《か》・不穀《ふこく》にして、王公は以て称と為《な》す。故に物は或いはこれを損し

て益《ま》し、或いはこれを益《ま》して損す。

人の教うる所は、我も亦《ま》たこれを教う。

強梁《きょうりょう》はその死を得ず。吾は将《まさ》に以て教えの父と為《な》さんとす。


道生一、一生二、二生三、三生万物。

万物負陰而抱陽、冲気以為和。

人之所悪、唯孤寡不穀、而王公以為称。故物或損之而益、或益之而損。

人之所教、我亦教之。

強梁者不得其死。吾将以為教父。

語釈 冲気＝むなしい（虚）気。調和・中和する気。和＝合する。孤＝みなしご。ひとりもの。王侯の謙称。寡＝少ない。王侯の自称。また、自分の主君や自分を謙遜していう語。徳の少ない意。不穀＝王侯の謙称。穀は善の意。自己を謙遜して不善という意。損して益す＝一に近づくこと。益して損す＝一より遠くなること。強梁＝強く盛んなこと。

全訳 道は一を生み、一は二を生み、二は三を生み、三は万物を生む。

万物は陰を負い陽を抱《いだ》いて、調和の気が和合する。

人がいやがるのは孤《こ》・寡《か》・不穀《ふこく》。王侯はこれを自称とする。だから、物は減ると一に近づき、増すと一から遠くなる。

人が教えることは、私もまた教え方にする。

強梁《きょうりょう》はその死を得ない。私はこれを教えの父としよう。

三段的論法

第一段　「道生一」～「三生万物」（主題）　この道の功用。

第二段　「万物負陰而抱陽」～「我亦教之」（解説）

第一節　「万物負陰而抱陽、冲気以為和」　陰陽・和合の気。

第二節　「人之所悪」～「或益之而損」　損益の功。

第三節　「人之所教、我亦教之」　この道の教え方。

第三段　「強梁者不得其死。吾将以為教父」（結論）　強梁は教えの父となる。

主題で、この道は一から万物を生むと規定し、解説で、陰陽・和合の気、損益の功、この道の教え方を説明し、結論で、強梁は教えの父となることで結んだ。

評論

一を生むこの道は、万物を生み、また一に帰り「無」となる。だから一は「無」ということができる。「人の教うる所は、我も亦たこれを教う」は、人が「無為自然の道」に従わないで教えると、わたし（老子）は人に、従って教えなければいけないと教える。ただ人の教えることを、そのまま教えるのではなく、「無為自然の道」に従って教えていれば、その教えに従って教えるが、そうでない場合は、「無為自然の道」に従って教えるように教える、というのである。

「強梁者《は》」は、強梁なことはという意味で、人に限定していない。これを教えの父とするのは、強梁は死を全うすることが出来ないから、「強梁」はするなと、教えの父として教えるのである。

「これを損して益《ま》す」の「損」は、「無」に近づくこと、「これを益《ま》して損す」の「益」は「無」より遠くなること、単なる物質の損益の意ではない。

○ 四十三章　柔弱の徳（3）〈至柔〉◎

天下の至柔《しじゅう》は、天下の至堅《しけん》を馳騁《ちてい》す。
無有は無間に入る。吾是《ここ》を以て無為の益有ることを知る。
不言の教え、無為の益は、天下これに及ぶこと希《まれ》なり。

天下之至柔ハ、馳二騁ス天下之至堅一ニ。
無有ハ入ル二無間一ニ。吾是ヲ以テ知ル二無為之有ルコトヲレ益。
不言之教ヘ、無為之益ハ、天下希ナリレ及ブコトレ之ニ。

語釈 至柔＝この上ないやわらかさ。馳騁＝馬をかけ走らす。無有＝形のないもの。無。大気。水。無間＝すきまのない、どんなものにも。不言之教＝17頁語釈参照。

全訳　世の中で最も柔らかい大気や水は、最も堅い金や石に自由自在に入り込む。形のない大気や水は、どんな所へでも入り込む。だから私は無為の益がわかる。不言の教え、無為の益は、世の中で及ぶものはない。

三段的論法　第一段「天下之至柔、馳騁天下之至堅」（主題）虚無と柔弱の作用。

第二段「無有入無間。吾是以知無為之有益」（解説）無為の益。

第三段「不言之教」～「天下希及之」（結論）不言の教えと無為の功用。

主題で、大気や水の働きを規定し、解説で、大気と水から無為の益をいい、結論で、不言の教えと無為の益で結んだ。

評論　一般の諸書は、水の柔弱の働きだけに解しているが、王注は「気は入らざる所無く、水は経（小路）に出《い》でざる所無し」と、大気を含めていっている。大気は地球を取り巻く空気である。この解釈の方が地球に生存する万物の自然の姿を具体化している。
「不言の教え」を結論にしているのは、唐突の感を持つであろうが、大気や水は、無有、柔弱で偉大な働きをしていることから、「不言の教え」に準《なぞら》えたものである。黙して語らず。その人がいると自《おのずか》ら感化を受ける。これが大気や水と同じであるとするからであろう。

▲四十四章　知足・知止〈名・身・貨・得〉（1）

名と身とは孰《いず》れか親しき。身と貨とは孰《いず》れか多き。得ると亡《うしな》うとは孰《いず》れか病《へい》なる。

是《こ》の故に、甚《はなは》だ愛するは必ず大いに費やし、多く蔵するは必ず厚く亡《うしな》う。

足ることを知れば辱《はずかし》められず。止《とど》まることを知れば殆《あや》うからず。以て長久なるべし。


名ト与レハ身孰シカ親シキ。身ト与レハ貨孰レカ多キ。得ルト与レハ亡フ孰レカ病ナル。

是ノ故ニ、甚ダ愛スルハ必ズ大イニ費ヤシ、多ク蔵スルハ必ズ厚ク亡フ。

知レバ足ルヲ不レ辱メラレ。知レバ止マルヲ不レ殆フカラ。可ニシ以テ長久ナル一。

語釈　名＝名声。貨＝たから（財）。財宝。蔵＝たくわえる。厚く亡う＝甚だしく失う。

全訳　身は名声より親しく、身は財貨より多く、多利は身を亡《ほろ》ぼす。だから、非常に名声を愛するのは、必ず大いに精力を費やし、多く財貨を蓄えるのは、必ず甚だしく精力を失う。
足ることがわかると辱《はずかし》められることなく、止《とど》まることがわかると危ういことなく、長生きできる。

変形三段的論法

第一段　「名与身孰親」〜「得与亡孰病」（主題）　名と身、身と貨、得と身の関係。

第二段　「是故」〜「多蔵必厚亡」（解説）　甚愛と多蔵の害。

第三段　「知足不辱」〜「可以長久」（結論）　知足、知止のこと。

主題で、身と名、貨と得を規定し、解説で、甚愛と多蔵の害をいい、結論で、知足知止で結んだ。身は何よりも大事で、知足知止が長久の道であるという。

評論　一般の諸書は、「多」を「まされる」と解しているが、王弼は「貨を貪りて厭うこと無きは、その身必ず少なし」と注しているから、「少」は「多」に対する対語で、「損失する」という意である。

第二段の「甚《はなは》だ愛するは必ず大いに費やし、多く蔵するは必ず厚く亡《うしな》う」の意味が分かりにくい。王注は「甚《はなは》だ愛するは物を与うるも通ぜず。多く蔵するは物を与うるも散《さん》ぜず」（非常に名声を愛するのは物をあげても通じなく、多く蓄えるのは物をあげても散在しない）と、愛・蔵を説明している。大変難解な章である。

○ 四十五章　道の本体（7）〈清静〉

大成は欠くるが若《ごと》く、その用は弊《つ》きず。

大盈《たいえい》は冲《むな》しきが若《ごと》く、その用は窮《きわ》まらず。

大直は屈するが若《ごと》く、大巧は拙《せつ》なるが若《ごと》く、大弁は訥《とつ》なるが若《ごと》し。

躁《そう》は寒に勝ち、静は熱に勝つ。清静《せいせい》は天下の正為《た》り。


大成ハ若レクル欠クルガ、其ノ用ハ不レ弊キ。

大盈ハ若レク冲〔上平東〕○シキガ、其ノ用ハ不レ窮〔東〕○マラ。

大直ハ若レク屈〔入声物〕◎スルガ、大巧ハ若レク拙〔入声屑〕◎ナルガ、大弁ハ若レシ訥〔入声月〕◎ナルガ。

躁ハ勝レチ寒ニ、静ハ勝レツ熱ニ。清静〔上声梗〕●ハ為リ二天下ノ正〔去声敬〕●一。

語釈　**大成**＝完全にしあげる。立派にしあげる。王注「物に随って成って、一つの形をしない」。**弊**＝つきる。**大盈**＝十分に満ちる。**大直**＝大いに真っ直ぐなもの。**大巧**＝大きなたくみ。王注「自然にできた器《うつわ》」。天巧。**大弁**＝大雄弁。王注「物に順っているだけで、作為しない」。**正**＝ぬし（主）。

全訳

物に随って成る大成は一つの形をしなくて欠けているようであるが、その働きは尽きない。十分に満ちている大盈《たいえい》はからっぽのようであるが、その働きは窮《きわ》まらない。物に随って真っ直ぐな大直は曲がっているようであり、自然にできた器《うつわ》の大巧は拙《つたな》いようであり、物に因って言う大弁は訥弁《とつべん》のようである。動かすと寒さに勝ち、静かにしていると爽やかになる。だから清静《せいせい》は世の中の主《おさ》である。

三段的論法

第一段「大成若欠、其用不弊」（主題）無為自然の道を「大成」で規定。

第二段「大盈若冲」～「大弁若訥」（解説）無為自然の道の働きを、大盈、大直、大巧、大弁を挙げて解説。

第三段「躁勝寒、静勝熱。清静為天下正」（結論）無為自然の道を「清静」の別称でいった。

主題で、無為自然の功用を「大成」の語で規定し、解説で、この道を四つの例を挙げて説明し、結論でこの道の別称「清静」を挙げ、天下の正であると結んだ。

評論

本章で注目すべきことは、「大成」の王注「物に随って成り、一象《しょう》を成さず」の語である。一般の諸書のいう「大いなる製作品。本当に完成しているもの。本当に完全なもの」のような意ではなく、「物に随って成るもの」すなわち「水は方円の器に従う」ことをいっている。無為自然の道の別称で、この形は欠けているようであるが、その働きは無限であるというのである。「大盈《たいえい》」「大直」「大巧」「大弁」も、無為自然の道の別称であり、「清静《せいせい》」もそうであるが、結論に「清静」を置いたのは、王注に「惟《こ》れ清静にして乃《すなわ》ち上《うえ》の諸大の如きを得るなり」（これは清静であってかえって上の諸々の大のようなのを得ることができる）とあって、「清静」が基底となり、初めて五つの大を得られるからである。

「大成」を主題としたのは、無為自然の道の本体をいったからである。それを具体的にいったのが解説で、結論の「清静」は本体の本性をいったものである。

「天下の正」は、主《おさ》（長）の意に解するのがよい。蔣錫昌《しょうしゃくしょう》は「模範」の義に解し、『諸橋本』は「標準」と解している。

○　四十六章　知足（２）〈走馬〉◎

天下に道有れば、走馬を却《しりぞ》けて以て糞《たづくり》す。天下に道無ければ、戎馬《じゅうば》郊《こう》に生ず。禍《わざわい》は足ることを知らざるより大なるは莫《な》く、咎《とが》めは得ることを欲するより大なるは莫《な》し。故に足ることを知るの足るは、常に足る。

天下ニ有レバ㆑道、却ケテ㆓走馬ヲ㆒以テ糞ス。天下ニ無ケレバ㆑道、戎馬生ズ㆓於郊ニ㆒。

禍ハ莫クレ大ナルハニ於不ルヨリレ知ラレ足ルコトヲ、咎メハ莫シレ大ナルハニ於欲スルヨリレ得ルコトヲ。
故ニ知ルレ足ルコトヲ之足ルハ、常ニ足ル矣。

語釈　却＝しりぞける。走馬＝走って行く馬。軍馬。糞＝音フン。肥料を与えて作物を作る。耕作。戎＝音ジュウ。武器の総称。戎馬＝軍馬。郊＝郊外。咎＝音キュウ。とが。とがめ。わざわい。

全訳　世の中にこの道が行われると、軍馬は不用で農耕に使われる。世の中にこの道が行われないと、軍馬は郊外で戦争に使われる。

禍《わざわい》は足ることを知らないより大きいものはなく、咎《とが》めは得ることを欲するより大きいものはない。だから足ることを知るの足るは、いつも満ち足りているのだ。

三段的論法　第一段「天下有道」～「戎馬生於郊」（主題）無為自然の道が行われる場合とそうでない場合。

第二段「禍莫大於不知足、咎莫大於不欲得」（解説）禍・咎めの生ずる原因。

第三段「故知足之足、常足矣」（結論）真の「足る」。

主題で、無為自然の功用を「走馬」と「戎馬」で規定し、解説で、禍・咎めを説明し、結論で、真の「足る」で結んだ。

評論　世の中に「無為自然の道」が行われると、戦争をすることがないから、軍馬は不用で農耕に使われる。禍や咎《とが》めは、「足ることを知らず」「得ることを欲する」より大きなものはない。だから「知足」の「足る」を知るのは、真の「足る」を知ることである。「無為自然の道」は「知足」の「足る」である。

○ 四十七章　道の体得（4）〈足下〉

戸《こ》を出《い》でずして天下を知り、牖《ゆう》を窺《うかが》わずして天道を見る。

その出《い》ずること弥《いよ》いよ遠ければ、その知ること弥《いよ》いよ少なし。

是《ここ》を以て聖人は、行かずして知り、見ずして名づけ、為《な》さずして成らしむ。


不シテレ出デレ戸ヲ知リニ天下ヲ一、不シテレ窺ハレ牖ヲ見ルニ天道ヲ一。

其ノ出ヅルコト弥ミ遠ケレバ、其ノ知ルコト弥ミ少ナシ。

是ヲ以テ聖人ハ、不シテレ行カ而知リ、不シテレ見而名ヅケ、不シテレ為サ而成ラシム。

語釈　牖＝音ユウ。まど（窓）。天道＝天の道。天の運行。弥＝いよいよ。名＝判断する。

全訳　室《へや》を出なくても世の中のことがわかり、窓を開けなくても天の運行がわかる。

遠くへ行けば行くほど、いよいよ本当のことがわからなくなる。

だから聖人は出歩かなくてもわかり、見なくても名づけられ、何もしないでもなるようにさせる。

三段的論法　第一段「不出戸知天下、不窺牖見天道」（主題）無為自然の道の体得者の功用。

第二段　「其出弥遠、其知弥少」（解説）　無為自然の道を体得しない者の行動。
第三段　「是以聖人」～「不為而成」（結論）　無為自然の道を体得した聖人の作用。

主題で、無為自然の道を体得した者の功用を規定し、解説で、この道を体得しない者の行動をいい、結論で、この道の体得者の聖人の作用で結んだ。

評論　この章の問題は、「その出《い》ずること弥《いよ》いよ遠ければ、その知ること弥《いよ》いよ少なし」の解釈で、一般の諸書はまちまちで適切でない。王弼は「如《も》しそれこれを知らば、戸《こ》を出《い》ずることを須《ま》たず。若《も》しそれこれを知らざれば、出《い》ずること愈《いよ》いよ遠く、愈《いよ》いよ迷うなり」と注し、「無為自然の道」を離れることが、遠くなればなる程いよいよ迷うと、「戸」を出ることに掛けて暗示している。「無」は一で、「弥《いよ》いよ遠し」はますます無為自然の道から離れること、「弥《いよ》いよ少なし」は無為自然の道がますます分からなくなることをいう。要は無為自然の道の体得の肝腎なことをいっている。

「不為而成」の「成」を「成らしむ」と訓読したのは、王注に「而使ム二之ヲシテ成ラ一矣」（これをして成らしむ）とあるからである。一般の諸書は「成る。成す」等に訓じている。

○ 四十八章　無為の功用（1）〈学益・道損〉◎

学を為《な》せば日々に益《ま》し、道を為《な》せば日々に損す。
これを損して又た損せば、以て無為に至る。無為にして為《な》さざること無し。
天下を取るは、常に無事《ぶじ》を以てす。その事有るに及びては、以て天下を取るに足らず。

為学日益、為道日損。
損之又損、以至於無為。無為而無不為。
取天下常以無事。及其有事、不足以取天下。

語釈　道＝無為自然の道。無事＝無為自然の道の別称。有事＝有為《ゆうい》で事をする。

全訳　学問をすると日々に知識が増え、無為の道をすると日々に知識が減る。知識を減らして行くと無為の境地に達する。無為の境地に到達するとできないものは何もない。天下を取るのはいつも無事が肝腎で、有為《ゆうい》でなそうとすると天下は取れない。

三段的論法　第一段　「為学日益、為道日損」（主題）　無為自然の道の功用。

第二段　「損之又損」～「無為而無不為」（解説）　無為の功用。
第三段　「取天下常以無事」～「不足以取天下」（結論）　有為の害。
主題で、為学と為道を比較し、その功用を規定し、解説で、無為の功用をいい、結論で、政治は有為《ゆうい》では天下が取れないと結んだ。
評論　「無為自然の道」を修めると、日々知識が少なくなり、無為になっていき、その境地に到達すると、できないものはなくなる。だから有為《ゆうい》を以て国を治めると、天下は取れないと、天下統治の基を述べた。この章は「理想の政治」にも該当する。

△　四十九章　万物一体観〈歙歙〉◎

聖人は常の心無く、百姓《ひやくせい》の心を以て心と為《な》す。善なる者は吾これを善とし、不善なる者も吾亦《ま》たこれを善とす。徳は善なればなり。信なる者は吾これを信とし、不信なる者も吾亦《ま》たこれを信とす。徳は信なればなり。

聖人の天下に在るは、歙《きゅう》歙《きゅう》として天下の為《ため》にその心を渾《こん》にす。百姓は皆その耳目を注ぐも、聖人は皆これを孩《がい》にす。

聖人《ハ》無《ク》常《ノ》心、以《テ》百姓《ノ》心《ヲ》為《ス》心《ト》。

善《ナル》者《ハ》吾善《トシ》之《ヲ》、不善《ナル》者《モ》吾亦《タ》善《トス》之《ヲ》。徳《ハ》善《ナレバナリ》。信《ナル》者《ハ》吾信《トシ》之《ヲ》、不信《ナル》者《モ》吾亦《タ》信《トス》之《ヲ》。徳《ハ》信《ナレバナリ》。

聖人《ノ》在《ルハ》天下《ニ》、歙歙《トシテ》為《ニ》天下《ノ》渾《ニス》其《ノ》心《ヲ》焉。百姓《ハ》皆注《グモ》其《ノ》耳目《ヲ》、聖人《ハ》皆孩《ニス》之《ヲ》。

語釈 常の心＝無為自然の道の心。王注は「動くは常に因るなり」という。「常」はふだんの心。無く＝意識しない。**歙歙**＝120頁参照。渾＝渾沌。一つになっている状態。ぼやかす。注＝聡明を働かせる。孩＝子ども。

全訳 聖人は無為自然の道の心の意識がなく、万民の心を以て自分の心とする。

善人は善人として受け入れ、不善人もまた善人として受け入れる。本来徳は善であるからだ。信なる人は信なる人とし、不信なる人もまた信なる人とする。本来徳は信であるからだ。

聖人は世の中に臨むと何事にも捉われず、世の中のために心をぼやかす。万民は皆目を向け耳を傾けても、聖人は万民を赤子のようにする。

三段的論法
第一段「聖人無常心、以百姓心為心」（主題） 聖人は常心なく、百姓の心を心とする。
第二段「善者吾善之」～「徳信」（解説）
第一節「善者吾善之」～「徳善」 聖人は不善者も善とする。
第二節「信者吾信之」～「徳信」 聖人は不信者も信とする。
第三段「聖人在天下」～「聖人皆孩之」（結論） 聖人は百姓を嬰児にする。
主題で、聖人は常の心がなく、百姓の心を以て心とすると規定し、解説で、だから不善人・不信人も善人・信人とするといい、結論で、百姓は知る所能《よ》くする所に耳目を注ぐが、聖人は百姓を嬰児にすると結んだ。

評論 「無為自然の道」の功用をいった章である。

不善人・不信人も善人・信人として包含し、生み育てる現象から、万物一体観をいったもので、後来儒教もいう「万物一体論」の原点が『老子』のこの章にあることを察知する。同時に「人間の平等観」の原点でもある。

「歙歙《きゅうきゅう》」の「歙」は、『説文』に「鼻を縮むるなり」とある。息を吸い収める意。したがって「歙歙」は、心を専一にする（『字通』平凡社）、おそれるさま（『大漢和辞典』大修館書店）、固執しないさま（『漢語林』大修館書店）、あやぶみ恐れるさま（『漢和中辞典』旺文社）等、様々な解があるが、ここは「とらわれないいさま」と見るのが適切であろう。

「百姓《ひゃくせい》は皆その耳目を注ぐ」の王注は、「焉」の助字を終わりに置いている。これは、才能・長所に注ぐ意を明示したもので、人民はこういう方面に意を注ぐが、聖人の政治は百姓を嬰児のように無知無欲にして、「無為の政治」にすることであるという。

「聖人は常の心無く」の「常の心」は「無為自然の道」の心である。「一定不変の心」（諸橋・福永）、「一つの固定した立場」（金谷）、「常心を有為《ゆうい》にする」（蔣錫昌《しょうしゃくしょう》）等に解しているが、王弼は「動くは常の心に因るなり」と注して、「無為自然の道の心」を指している。

○ 五十章　長寿法（1）〈生・死〉

生を出《い》でて死に入《い》る。

生の徒は十に三有り、死の徒は十に三有り。人の生じて動きて死地に之《ゆ》くも、亦《ま》た十に三有り。

それ何の故ぞ。その生生《せいせい》の厚きを以てなり。

蓋《けだ》し聞く、善《よ》く生を摂する者は、陸行しても兕虎《じこ》に遇わず。軍に入りても甲兵を被《こうむ》らず。兕《じ》もその角《つの》を投ずる所無く、虎《とら》もその爪を措《お》く所無く、兵もその刃《やいば》を容《い》るる所無し。

それ何の故ぞ。その死地無きを以てなり。


出《デテ》レ生《ヲ》入《ル》レ死《ニ》。

生之徒《ハ》十《ニ》有《リ》レ三、死之徒《ハ》十《ニ》有《リ》レ三。人之生《ジテ》動《キテ》之《クモ》二死地《ニ》一、（亦《タ》）十《ニ》有《リ》レ三。

夫《レ》何《ノ》故《ゾ》。以《テナリ》二其《ノ》生生之厚《キヲ》一。

蓋シ聞ク、善ク摂スルレ生ヲ者ハ、陸行シテモ不レ遇ハ二兕虎ニ一。入リテモレ軍ニ不レ被ラ二甲兵ヲ一。兕モ無クレ所レ投ズル二其ノ角ヲ一、虎モ無クレ所レ措ク二其ノ爪ヲ一、兵モ無シレ所レ容ルル二其ノ刃ヲ一。

夫レ何ノ故ゾ。以テナリ三其ノ無キヲ二死地一。

語釈 亦＝死地の下に「亦」を補う。今本（当時の本）に拠る（素軒注）。動きて死地に之く＝自ら動いて死地に行く者。甲兵＝武具と武器。兕＝音ジ。水牛に似た一角獣。

全訳 生まれた所を出て死の所へ行く。

その中で長生きする者、十分の三。若死にする者、十分の三。動いて死地に行く者、十分の三。

それは何故か。生きることに執着しすぎるからだ。

思うに、摂生する者は、陸を行っても野牛や虎に出会わない。軍に入っても武具を被《かぶ》らない。野牛も角《つの》を向けようがなく、虎も爪でひっかきようがなく、武器も刃《やいば》を打ち込みようがない。

それは何故か。死の危険がないからだ。

三段的論法 第一段 「出生入死」（主題） 人間には生死がある。

第二段 「生之徒十有三」～「兵無所容其刃」（解説）

第一節 「生之徒十有三」～「(亦) 十有三」 生死の割合。

第二節 「夫何故。以其生生之厚」 その理由。

第三節 「蓋聞、善摂生者」～「兵無所容其刃」 善く摂生する者について。

第三段 「夫何故。以其無死地」（結論） 善く摂生する者には死地がない。

主題で、人間の生死を規定し、解説で、その割合と理由を述べ、結論で、更に善い摂生者の死地のないことを説明して結んだ。

評論　善《よ》く摂生する者は、「生を以て生と為《な》すことなく」と王注はいっている。これは生きることを無理に生きようとしない、つまり「無為自然の道」に順って生きることをいったものである。そうするとかえって、「死地無きなり」といって、長寿できるという。

人間の摂生法、つまり長寿法をいった章である。「生生《せいせい》の厚き」とはどういうことか、これは生きよう生きようと、生きることに執着する意である。これより、「無為自然の道」に順った生き方が長寿できるというのである。無理せず、ありのままの生活、これが長生きの秘訣である。筆者は今年「米寿」、『老子』のお蔭かと思っている。

△　五十一章　道の功用（5）〈玄徳〉

道これを生じ、徳これを畜《やしな》い、物これを形づくり、勢《いきお》いこれを成す。是《ここ》を以て万物は、道を尊《たっと》びて徳を貴《たっと》ばざること莫《な》し。道の尊く、徳の貴きは、それこれに命ずること莫《な》くして、常に自然なればなり。

故に道これを生じ、徳これを畜《やしな》えば、これを長じこれを育て、これを亭《てい》しこれを毒し、これを養いこれを覆う。

生ずるも有せず。為《な》すも恃《たの》まず。長ずるも宰《さい》せず。是《こ》れを玄徳《げんとく》と謂《い》う。

道生ジレ之ヲ（上平支）、徳畜ヒレ之ヲ、物形ツクリレ之ヲ、勢成スレ之ヲ。
是ヲ以テ万物ハ、莫シレ不ルコト二尊ビテレ道ヲ而貴バレ徳ヲ一。道之尊ク、徳之貴キハ、夫レ莫クシテ二之ニ命ズルコト一、常ニ自然ナレバナリ。
故ニ道生ジレ之ヲ、徳畜ヘバレ之ヲ、長ジレ之ヲ育テレ之ヲ、亭シレ之ヲ毒シレ之ヲ、養ヒレ之ヲ覆フレ之ヲ。
生ズルモ而不レ有セ。為スモ而不レ恃マ。長ズルモ而不レ宰セ。是レヲ謂フ二玄徳ト一。

語釈 畜＝音キク。やしなう（養）。亭＝定と同じ。定める意。毒＝成る。生長する。恃＝音シ・ジ。たのむ。覆＝おおい育てる。宰＝主宰。玄徳＝人間の感覚では知り得ない、その作用の微妙な徳。徳があってもその主宰者がわからず、幽冥から出るので「玄徳」という（王注）。「無為自然の徳」の別称。

全訳 道が万物を生み、徳がこれを養うと、万物が形を現し、道と徳が育てる。だから万物は、この道を尊び、この徳を貴ぶ。この道が尊く、この徳が貴いのは、万物に命じないで、いつも自然であるからだ。

だからこの道が万物を生み、この徳が万物を養う時は、万物を伸長し育て、安定し成長させ、養っておおい育てる。

この道は万物を生み出してもわがものとしない。養育しても誇らない。成長させても主宰者とならない。これを玄徳という。

三段的論法 第一段 「道生之」～「勢成之」（主題） 無為自然の道の徳の作用。

第二段 「是以万物」～「養之覆之」（解説）

第一節　「是以万物」～「常自然」　万物はこの道と徳を尊ぶ。

第二節　「故道生之」～「養之覆之」　この道と徳が万物を生育させる。

第三段　「生而不有」～「是謂玄徳」（結論）　無為自然の道の功用。

主題で、無為自然の道の功用を規定し、解説で、万物はこの道と徳を尊ぶこと、道と徳は万物を生育させることをいい、結論で、無為自然の道の功用を玄徳で結んだ。

評論　本章は、道の創造性は糸毫《しごう》も占有性がなく、万物に自発性を与えていることをいっている。しかもその自発性は、「道」が含有している特有の精神だけでなく、老子哲学の基本精神である。馮友蘭《ふうゆうらん》は、「道の万物の形成と変化は、超自然の意志の支配を受けないもので、又予定の目的があるわけでもない。道は一種の唯物主義と無神論の思想である。上帝の創造性と目的論を否定するだけでなく、実に道は精神性の実体でないことを表明したものである」といっている。

「道の尊《たっと》く、徳の貴《たっと》きは、それこれに命ずること莫《な》くして、常に自然なればなり」の「これに命ずること莫《な》くして、常に自然なればなり」がわかりにくい。「之」（これ）は万物、「命」は無為自然の道が命じる（素軒注）。「常に自然なればなり」は、いつもありのままに任せているからである。「無為自然の道」が万物に命令しないで、万物の生長を万物のありのままに任せている意。

△　五十二章　道の本体（8）〈習常〉

天下に始め有り。以て天下の母と為《な》す。既にその母を得て、以てその子を知り、既にその子を知りて、復《ま》たその母を守れば、没するまでそれ殆《あや》うからず。

その兌《あな》を塞《ふさ》ぎ、その門を閉ずれば、終身勤《つか》れず。

その兌《あな》を開き、その事を済《な》せば、終身救われず。

小を見るを明と曰《い》い、柔を守るを強と曰う。

その光を用いて、その明に復帰すれば、身の殃《わざわい》を遺《のこ》すこと無し。是《こ》れを習常と謂《い》う。


天下ニ有リ㆑始メ。以テ為ス㆓天下ノ母ト㆒。

既ニ得テ㆓其ノ母ヲ㆒、以テ知リ㆓其ノ子ヲ㆒、既ニ知リテ㆓其ノ子ヲ㆒、復タ守レバ㆓其ノ母ヲ㆒、没スルマデ其レ不㆑殆フカラ。

塞ギ㆓其ノ兌ヲ㆒、閉ヅレバ㆓其ノ門ヲ㆒（上平元）、終身不㆑勤レ（上平文）。

開キ二其ノ兌ヲ一、済セバ二其ノ事ヲ一、終身不レ救ハレ。

見ルヲレ小ヲ曰ヒレ明ト、守ルヲレ柔ヲ曰フレ強ト。

用ヒテ二其ノ光ヲ一、復二帰スレバ其ノ明ニ一、無シレ遺スコト二身ノ殃ヲ一。是レヲ謂フ二習常ト一。

語釈 始＝無為自然の道を指す。天下の母＝道は万物を生み出すからいう。兌＝音ダ。あな（穴）。物欲の生じる所。勤＝つかれる。その事＝欲望の事。明＝微細なことを見抜くこと。強＝柔らかいものを守ること。光＝無為自然の道の光。明＝明知・英知。人間が本来持っているもの。習常＝常に習う。すなわち無為自然の道の別称。

全訳 この世の中には始めがある。それを天下の母とする。もはやその母を得て、その子が分かり、その子が分かって、またその母を守ると、死ぬまで危ないことはない。

五体の器官を塞《ふさ》ぎ、その出る門を閉じると、終生安んじ疲れることがない。五体の器官を開け、欲望を出すと、終生救われない。

小なるものを見抜く力を明といい、柔なるものを守るのを強という。

この道の光を用いて、本来の明知に復帰すると、身に禍《わざわい》を残さない。これを習常という。

三段的論法
第一段「天下有始。以為天下母」（主題） 無為自然の道は「天下の母」である。
第二段「既得其母」～「守柔曰強」（解説）
第一節「既得其母」～「没其不殆」 母を得、子を知ると、死ぬまで心配がない。
第二節「塞其兌」～「終身不救」 兌を塞ぐことと開くことの利害。
第三節「見小曰明、守柔曰強」 本来の「明・柔」の意味。
第三段「用其光」～「是謂習常」（結論） 無為自然の道の別称、習常。

主題で、無為自然の道を「天下の母」と規定し、解説で、その功用を述べ、結論で、無為自然の道を「習常」で結んだ。「天下の母」「習常」は無為自然の道の別称である。

評論 「始」が無為自然の道を指すことについて、張岱年《ちょうたいねん》は「老子以前には、人が宇宙の始終問題について注意しなかったようである。老子になって、宇宙に始めがあり、一切の本であると認めた」（『中国哲学大綱』）という。

「兌《だ》」は『易』「説卦」に、「兌を口と為《な》す」とある。これを引用して、人間の七竅《きょう》、顔にある七つの穴、目・耳・鼻・口の穴を指すようになった。「兌《あな》を塞《ふさ》ぎ」「口を閉ず」は、民を無知無欲にすることである（奚侗《けいとう》）。「兌」を口とするのは、口は言葉の出る所、門は行いの因る所で多言を貴ばず、異行をしないことである（高延弟《こうえんてい》）という。

「その光を用い」の「光」は、外に向かって照輝するものであり、「その明に復帰す」の「明」は内に向かって透明することである。水鏡が物を照らすのは光であり、光の本体が「明」である（呉《ご》澄《ちょう》）。「習常」を「襲常」とした書は、傅奕《ふえき》本、蘇轍《そてつ》本、林希逸《りんきいつ》本、呉澄本、焦竑《しょうこう》本、及び帛書《はくしょ》甲乙本等である。

本章の要点は、人は万物の根源を追求し、原則を把握し、外に走らないで内に向かって観照し、私欲・妄見を除き、本来の「明」の英知の光をもって外物を照覧し、事理を明察することである。一言にしていえば、「外に走らず、内に向かって観照せよ」ということである。

○ 五十三章　大道闊歩〈盗夸〉

我をして介然《かいぜん》たる知有りて、大道《たいどう》を行わしめば、唯《た》だ施すこと是《こ》れ畏《おそ》れん。
大道は甚《はなは》だ夷《たいら》かなり。而《しか》るに民は径《こみち》を好む。
朝《ちょう》甚だ除すれば、田は甚だ蕪《あ》れ、倉は甚だ虚《むな》し。
文綵《ぶんさい》を服し、利剣を帯び、飯食に厭《あ》き、財貨余り有り。是《こ》れを盗夸《とうこ》という。
道に非《あら》ず。

使《メバ》我《ヲシテ》介然《タル》有《リテ》知、行《ハ》於大道《ヲ》、唯《ダ》施《スコト》是畏《レン》。
大道《ハ》甚《ダ》夷《カナリ》。而《ルニ》民《ハ》好《ム》径《ヲ》。
朝甚《ダ》除《スレバ》、田《ハ》甚《ダ》蕪《レ》、倉《ハ》甚《ダ》虚《シ》。
服《シ》文綵《ヲ》、帯《ビ》利剣《ヲ》、厭《キ》飯食《ニ》、財貨有《リ》余。是《ヲ》謂《フ》盗夸。
非《ズ》道《ニ》。

語釈 介然＝少ないさま。「介は微なり」（『釈文』）といっている。少ない。小さい。大道＝無為自然の道の大道。施＝迤の仮借で、斜・邪の意。横道、邪遠と多く解しているが、王注は「施為」（ほどこしなす。施行、実施。事を行うこと）と解していることに注意。夷＝たいら（平）。径＝小道。邪径。近道。朝＝朝廷。除＝よく清める。きれいに掃除する。蕪＝あれる（荒）。倉＝倉庫。文綵＝美しい色のあや模様。利剣＝するどい剣。盗夸＝夸は音コ。おごる（奢）。ぜいたく。

全訳 わたしに少しでも知恵があり、この大道《たいどう》を行わせたら、ただ施すことを心配する。
この道の大道は甚《はなは》だ平らかであるのに、人は邪径《じゃけい》を好む。
宮殿が清められると、田畑は大変荒れ、倉庫はすっかりからっぽになる。
きれいな服を着、名剣を腰に下げ、たらふく食べ、財貨が有り余る。これを贅沢泥棒という。
これはこの道ではない。

三段的論法
第一段「使我介然有知」～「唯施是畏」（主題）　無為自然の大道を行う場合の配慮。
第二段「大道甚夷」～「是謂盗夸」（解説）
第一節「大道甚夷。而民好径」　民は大道を好まず邪径を好む。
第二節「朝甚除」～「倉甚虚」　大道にはずれた朝廷の状態。
第三節「服文綵」～「是謂盗夸」　大道にはずれた人民の状態。
第三段「非道」（結論）　盗夸は非道。

主題で、無為自然の大道を行う場合を規定し、解説で、この大道にはずれた朝廷と民の行為をいい、結論で、大道にはずれたこの行為を盗夸といって結んだ。

評論 「行於大道」を、一般の諸書は「大道を行くに」と訓んでいるが、王注は「行大道於天下」（大道を天下に行うに）と訓んでいるから、無為自然の道の大道を天下に行うの意と解すべきである。

「盗夸《とうこ》」は朝廷と民の両方の、大道にはずれた行為を指している。

「民は径《こみち》を好む」の「民」を「人」とし、人民を指しているとし、奚侗《けいとう》や蔣 錫 昌《しょうしゃくしょう》は、「人」に改めているが、王注は「民」にしている。それは第二節は朝廷のことをいっているから、民とした方が適切である。無為自然の大道を朝野で行わないことを説明したのである。

「朝甚だ除すれば」の「除」は幾つかの解釈がある。王注は「潔好《けっこう》」（好くきよめる）とし、河上公《かじょうこう》本は「高台榭《しゃ》（高いうてな）、宮室修理」とし、土木工事としている。また「廃也」として、朝政が廃弛している（厳霊峯《げんれいほう》）とし、馬叙倫《ばじょりん》は「汚」の借字として「汚職」に解している。『福永老子』もこの意を取っている。

本章は、当時の政治の腐敗を痛烈に攻撃し、為政者が権威と武力を持って民から物資を搾取《さくしゅ》し、私欲を肥やし、奢侈《しゃし》を極め、民衆を窮乏に陥れていることを、憤懣《ふんまん》やるかたなく、「盗夸《とうこ》」の語を用いて結んだのである。

『福永老子』が、「為政者に対する不信と政治の現実に対する憤りとを、最も直截《ちょくせつ》的な言葉で表現しているこの章の論述の中に、我々には老荘の無為の思想の根底にひそむ、激しいパトス的（論理で割り切れない激情）内面性の一端を最もよくうかがうことができるであろう」といっている。同感である。

○　五十四章　道の体得（5）〈善建・善抱〉

善《よ》く建つる者は抜けず。善く抱《いだ》く者は脱せず。

子孫は以て祭祀して輟《や》めず。

これを身に脩《おさ》むれば、その徳は乃《すなわ》ち真なり。これを家に脩むれば、その徳は乃ち余りあり。これを郷に脩むれば、その徳は乃ち長し。これを国に脩むれば、その徳は乃ち豊かなり。これを天下に脩むれば、その徳は乃ち普《あまね》し。

故に身を以て身を観《み》、家を以て家を観、郷を以て郷を観、国を以て国を観、天下を以て天下を観る。

吾何を以て天下の然《しか》るを知るや。此《これ》を以てなり。


善ク建ツル（者）ハ不レ抜ケ（入声黠）。善ク抱ク者ハ不レ脱セ（入声曷）。

子孫ハ以テ祭祀シテ不レ輟メ（入声屑）。

脩ムレバ二之ヲ於身一、其ノ徳ハ乃チ真ナリ。脩ムレバ二之ヲ於家一、其ノ徳ハ乃チ余リアリ。脩ムレバ二之ヲ於郷一、其ノ徳ハ乃チ長シ。

脩ムレバ二之ヲ於国一、其ノ徳ハ乃チ豊カナリ。脩ムレバ二之ヲ於天下一、其ノ徳ハ乃チ普シ。

故ニ以テレ身ヲ観レ身ヲ、以テレ家ヲ観レ家ヲ、以テレ郷ヲ観レ郷ヲ、以テレ国ヲ観レ国ヲ、以テ二天下ヲ一観ル二天下ヲ一。

吾何ヲ以テ知ル二天下ノ然ルヲ一哉や。以テナリレ此ヲ。

語釈 善建＝その根を固めて後、その末を営む故に抜けず（王注）。「者」を補う（素軒注）。善抱＝多くを貪らず、その能くする所を斉《ととの》える。故に脱せず（王注）。脩之於身＝「之」は無為自然の道。其徳乃真＝無為自然の道を身に体すると真（ありのまま）になる。以身観身＝わが身を修めてわが身を観る。以天下観天下＝天下の百姓の心を以て天下の道を観《み》る。天下の道は世の中の逆順吉凶。此＝「善く建つる者は抜けず」から「天下を以て天下を観《み》る」の全文。

全訳 根をしっかりしてから枝葉を作る。だから抜けない。多く欲張らないでできることをまとめる。だから脱けない。

子孫がこの道を伝えて祭祀《さいし》をすると長く続く。

この道をわが身に修めるとその徳はありのままになる。この道をわが家に修めるとその徳はゆとりが出る。この道をわが村に修めるとその徳は長く続く。この道を我が国に修めるとその徳は豊かになる。この道をわが世の中に修めるとその徳はよく広まる。

だから、わが身を修めてわが身をよく見、わが家を修めてわが家をよく見、わが村を修めてわが村をよく見、わが国を修めてわが国をよく見、わが世の中の民の心でわが世の中の道をよく見る。

わたしはどうして世の中がわかる。己を察してこれがわかる。

三段的論法 第一段 「善建（者）不抜。善抱者不脱」（主題） 無為自然の道を体得した功用。

第二段　「子孫以祭祀不輟」〜「以天下観天下」（解説）

第一節　「子孫以祭祀不輟」　この道と子孫。

第二節　「脩之於身」〜「其徳乃普」　この道の修の方。

第三節　「故以身観身」〜「以天下観天下」　この道を己より他に及ぼすこと。

第三段　「吾何以知天下然哉。以此」（結論）　この道は己を察することにある。

主題で、無為自然の道の体得の功用を規定し、解説で、その功用の実際を三つの例を挙げて説明し、結論で、この道は己を察することにあると結んだ。

評論　一般の諸書は、三段に分け、第一段を「祭祀《さいし》して輟《や》めず」までとしているが、これは誤りで、ここは無為自然の道を子孫が守ることで、主題の規定の例なのである。

第三節の王注「天下の百姓《ひゃくせい》の心を以て、天下の道を観《み》るなり」は、この節の根幹で、庶民の心を以て世の中を観《み》る、いわゆる民主主義の政治であることをいう。

「吾」は老子自身。わたし。

本文の「国」は、傅奕《ふえき》本は「邦」に作り、『韓非子』「解老篇」も同じである。これは漢の高祖劉邦《りゅうほう》の諱《いみな》を避けて「国」にした（范応元《はんおうげん》）韻の関係から「邦」にした（魏源《ぎげん》）。帛書《はくしょ》の甲本は「邦」、乙本は「国」である。これは帛書の甲・乙本の抄写年代が同じでない証拠を示している。甲本には「邦」字が二十二個、乙本は皆「国」字である。それは乙本の写者が劉邦の諱を避け、甲本は避けなかったことを証明している。（高亨《こうこう》）

本文の「脩身、脩家、脩郷、脩国、脩天下」は、『大学』の「脩身、斉家、治国、平天下」に対抗して作ったもので、この章がまとめられた時期は、他の章よりかなり後れていると見られる。

一般の諸書は「善《よ》く建つる者は抜けず。善く抱《いだ》く者は脱せず」を、創業と守成（『諸橋老子』）、一般に大切なものを指していっている（『金谷老子』）、道（『福永老子』）と多岐に解しているが、福永老子が王注を踏まえている。

○ 五十五章　道の体得（6）〈赤子〉

> 含徳の厚きは、赤子《せきし》に比す。蜂蠆虺蛇《ほうたいきだ》も螫《さ》さず。猛獣も攫《つめか》けず。攫鳥《かくちょう》も搏《う》たず。骨《ほね》弱く筋《すじ》柔らかくして、握ること固し。未《いま》だ牝牡《ひんぼ》の合を知らずして、全作するは、精の至りなり。終日号《さけ》びて嗄《か》れざるは、和の至りなり。
> 和を知るを常と曰《い》い、常を知るを明と曰う。生を益《ま》すを祥《わざわい》と曰い、心《こころ》気を使うを強と曰う。物壮《さか》んなれば則《すなわ》ち老ゆ。これを不道と謂《い》う。不道は早く已《や》む。

含徳之厚（上声有）キハ、比ス二於赤子（上声紙）一。

蜂蠆虺蛇モ不レ螫サ。猛獣モ不レ拠ケ。攫鳥モ不レ搏タ。骨弱ク筋柔ラカクシテ而握ルコト固シ。未ダレ知ラ二牝牡之合ヲ一而全作スルハ、精之至リ也。終日号ビテ而不ルハレ嗄レ、和之至リ也。

知ルヲレ和ヲ曰ヒレ常ト、知ルヲレ常ヲ曰フレ明ト。益スヲレ生ヲ曰ヒレ祥ト、心使フヲレ気ヲ曰フレ強ト。

物壮ンナレバ則チ老ユ。謂フ二之ヲ不道ト一。不道ハ早ク已ム。

語釈 蠆＝音タイ。さそり。毒虫。虺＝音キ。毒蛇。とかげ。螫＝セキ。さす。拠＝つかむ。つめをかける。攫＝音カク。つかむ。攫鳥はつかみ殺す鳥の意。搏＝音ハク。とらえる（捕）。うつ（撃）。牝牡＝めすとおす。合＝交合。男女・雌雄のまじわり。セックス。全作＝「作」は長の意味。したがって「全作」は、赤ん坊の身を損することがなく、完全に成長すること。一般に、動物には「成長」、植物には「生長」を用いる。なお、派生的用法では「成長」を用いる。「成長株」。「全」は「朘《さい》」の借字とする説が多いが、後述する。精＝混じりけがない。純粋。和＝形声、口＋禾（音カ）。「会」に通じ、「あう」の意。人の声と声とが調和する。なごむ意味を表す。常＝とこしえ。いつまでも変わらない道。恒常。無為自然の道。明＝英知。叡知の書きかえ。理、理性と同じ。人間の心を動かす根源。無為自然の道。祥＝わざわい。不吉。強＝強がり。物壮＝武力暴興。武力がにわかに起こる。暴起。

全訳 この道を体得した人は、赤ん坊のようである。

赤ん坊は、蜂・さそり・まむし・蛇も刺さない。猛獣も爪かけない。攫鳥《かくちょう》も捕らえない。骨が弱く筋肉が柔らかで、握り拳は固い。まだ男女の交合を知らないで、すくすくと成長する。これは精力の至りである。一日中泣き叫んでも声が嗄《か》れない。これは調和の至りである。

調和が解《わか》るのを常（道）といい、常が解るのを明（英知）という。生きることを増すのをわざわいといい、心が気を使うのを強がりという。

壮強は衰える。これを不道という。不道は早く止む。

三段的論法

第一段「含徳之厚、比於赤子」(主題)含徳者を赤子に比した。

第二段「蜂蠆虺蛇不螫」～「心使気曰強」(解説)

第一節「蜂蠆虺蛇不螫」～「攫鳥不搏」赤子の性質。

第二節「骨弱筋柔」～「和之至也」赤子の体質。

第三節「知和曰常」～「心使気曰強」常・明・祥・強について。

第三段「物壮則老」～「不道早已」(結論)無為自然の道に反した場合の害をいい、「物壮則老」の語で結んだ。


主題で、無為自然の道の体得者を含徳者と規定し、赤子に比し、解説で、赤子の諸現象と、これから「常」と「明」を説明し、無為自然の道に反した場合の害を挙げ、結論で、「物壮則老」の語で結んだ。

評論

本章で大きな問題は、第二段第二節の「全作」の解釈である。一般の諸書は、「全」を「朘《さい》」(赤子の陰部)の借字とし、性器としているが、王注は「作は長なり。物の以てその身を損することと無く、能《よ》く全長(完全に成長)するなり」といっている。したがって范応元《はんおうげん》・易順鼎《えきじゅんてい》・蔣錫昌《しょうしゃくしょう》等のいう「赤子の陰なり」「小児の陽物なり」の意でないことは明らかである。

したがって「精の至りなり」の「精」には、純粋、専一、生命の根源、精液、陰陽の気などの意があるが、ここは陰陽の気、つまり万物を成長させ、精力に満ちた元気と見るのがよい。「物壮《さか》んなれば則《すなわ》ち老ゆ」は、三十章でもいっている。

△ 五十六章　道の本体（8）〈玄同〉

知る者は言わず。言う者は知らず。その兌《あな》を塞《ふさ》ぎ、その門を閉じ、その鋭を挫《くじ》き、その分《ふん》を解き、その光を和《やわ》らげ、その塵《ちり》に同じくす。是《こ》れを玄同《げんどう》と謂《い》う。

故に得て親しむべからざれば、得て疎《うと》んずべからず。得て利すべからざれば、得て害すべからず。得て貴《たっと》ぶべからざれば、得て賤しむべからず。

故に天下の貴と為《な》る。


知ル者ハ不レ言ハ。言フ者ハ不レ知ラ。

塞ギ二其ノ兌ヲ一、閉ヂ二其ノ門ヲ一、上平元 挫キ二其ノ鋭ヲ一、解キ二其ノ分ヲ一、上平文 和ゲ二其ノ光ヲ一、同ジクス二其ノ塵ニ一。上平真 是レヲ謂フ二玄同ト一。

故ニ不レバ可カラ二得テ而親シム一、不レ可カラ二得テ而疎ンズ一。不レバ可カラ二得テ而利ス一、不レ可二得テ而害ス一。不レバ可カラ二得テ而貴ブ一、不レ可カラ二得テ而賤シム一。

故為二天下貴一。

語釈 兌＝音ダ。あな（穴）。分＝「紛」と音通。河上公《かじょうこう》本などには「紛」に改めている。玄同＝無為自然の道の別称。「玄」と同じになる。天下の貴＝無為自然の道の形容。

全訳 知る者は言わない。言う者は知らない。穴を塞《ふさ》ぎ、門を閉じ、鋭さを挫《くじ》き、紛《もつ》れを解き、光を和《やわ》らげ、世俗に同じくする。これを玄同《げんどう》という。
だから玄同の人は、親しむことができなければ、疎《うと》んずることもできない。利用することができなければ、危害を加えることもできない。貴ぶことができなければ、賤しむこともできない。だから世の中で最も貴いのだ。

三段的論法 第一段「知者不言。言者不知」（主題）自然は無言。

第二段「塞其兌」〜「不可得而賤」（解説）

第一節「塞其兌」〜「是謂玄同」玄同の説明。

第二節「故不可得而親」〜「不可得而賤」玄同の本質。

第三段「故為天下貴」（結論）玄同の価値。

主題で、自然の実体を規定し、解説で、自然の実体を述べ、玄同と説明し、結論で、玄同の価値で結んだ。

評論 「知る者は言わず。言う者は知らず」は、一般の諸書は「本当に分かっている人は言《こと》あげしない。言あげする人は分かっていない」と解しているが、王注は「自然に因るなり」といって、自然は物言わなくても運行し、万物を生育していることを指して、知者もそれと同じであるといっている。

「得て親しむべからざれば、得て疎《うと》んずべからず」は「親しむ」と「疎んずる」の両方ができる意。

▲ 五十七章　理想の政治（7）〈無事・樸〉◎

正を以て国を治むれば、奇を以て兵を用い、無事を以てすれば、天下を取る。

吾何を以てその然《しか》るを知らんや。これを以てなり。

天下に忌諱《きき》多くして、民弥《いよ》いよ貧しく、民に利器多くして、国家滋《ます》ます昏《くら》く、人に伎巧《ぎこう》多くして、奇物滋《ます》ます起こり、法令滋《ます》ます彰《あらわ》れて、盗賊多く有り。

故に聖人は云う。我《われ》無為にして民自《おのずか》ら化し、我《われ》静を好みて民自《おのずか》ら正しく、我無事《われぶじ》にして民自《おのずか》ら富み、我《われ》無欲にして民自《おのずか》ら樸《ぼく》なり。


以テレ正ヲ治ムレバレ国ヲ、以テレ奇ヲ用ヒレ兵ヲ、以テスレバ二無事ヲ一取ル二天下ヲ一。

吾何《ヲ》以《テ》知《ラン》二其《ノ》然《ルヲ》一哉《や》。以《テナリ》レ此《ヲ》。

天下多《クシテ》二忌諱一、而民弥《〻》貧《シク》、民多《クシテ》二利器一、国家滋《〻》昏《ク》、人多《クシテ》二伎巧一、奇物滋《〻》起《コリ》、法令滋《〻》彰《レテ》、盗賊多《ク》有《リ》。

故《ニ》聖人《ハ》云《フ》。我無為《ニシテ》而民自《ラ》化《シ》、我好《ミテ》レ静《ヲ》而民自《ラ》正《シク》、我無事《ニシテ》而民自《ラ》富《ミ》、我無欲《ニシテ》而民自《ラ》樸《ナリ》。

語釈 奇＝奇襲。無事＝無為。忌諱＝諱は音キ。禁令。利器＝王注は「己を利益する道具」。文明の利器。己に役立つもの。伎巧＝わざ。たくみ。技巧に同じ。

全訳 正しいことで国を治めると、奇襲と正攻を以て戦争が起こる。何もしないと、天下を取れる。

わたしはどうしてそうであるのかわかるか。次のことからだ。

世の中は禁令が多くなって、民はますます貧乏になり、民は自分に役立つ道具が多くなって、国はますます混乱し、民は技巧が多くなって、怪しいことがますます起こり、法令がますます五月蝿《うるさ》くなって、盗賊が多くなる。

だから聖人はいう。わたしは何もしないで民は自然に感化し、わたしは静を好んで民は自然に正しくなり、わたしは何事もしないで民は自然に豊かになり、わたしは無欲で民は自然に純朴になる、と。

三段的論法 第一段 「以正治国」～「取天下」（主題） 有事は兵を用い、無事は天下を取る。

第二段 「吾何以知其然哉」～「盗賊多有」（解説）

第一節 「吾何以知其然哉。以此」 主題のわかるものは何か。

第二節「天下多忌諱」〜「盗賊多有」わかる具体例。忌諱・利器・伎巧・法令。
第三段「故聖人云」〜「我無欲而民自樸」(結論)無為・無事・無欲の功用。
主題で、有事は兵を用い、無事は天下を取ると規定し、解説で、そのわけを具体例を挙げ、結論で、無為・無事・無欲の功用で結んだ。

評論 問題は、冒頭の「以正治国、以奇用兵」の解釈である。一般の諸書は、「正道を以て国を治め、奇道を以て戦争をする」と対句に解しているが、王注は「正を以て国を治むれば、則《すなわ》ち奇正起こるなり」と、この両句を因果関係にし、正道を以て国を治めると奇襲と正攻法が出て戦争が起こるといっている。「正を以て」は有為《ゆうい》、つまり作為である。だから奇正が出て戦争になる。故に「道を以て国を治むれば、則《すなわ》ち国は平らかなり」と王弼は注している。「道」は「無為自然の道」である。

押韻で注目すべきは、「我無為而民自化」の「為」が平《ひょう》字でなく仄《そく》字になっていることである。仄字の場合は、「…のために。…のためにす」の意であるから、「無為」は、有為または作為を以てするのではないことになる。老子が平仄に細心の注意をして用いていることがわかる。一般の諸書で、この平仄《ひょうそく》の用い方によって「無為」を解釈したものは見当たらない。大発見である。

△ 五十八章　理想の政治（8）〈悶悶〉◎

その政《まつりごと》悶悶《もんもん》たれば、その民は淳淳《じゅんじゅん》たり。その政《まつりごと》察察《さつさつ》たれば、その民は欠欠《けっけつ》たり。禍《わざわい》は福の倚《よ》る所、福は禍の伏す所、孰《たれ》かその極を知らんや。それ正すこと無きのみ。正は復《ま》た奇と為《な》り、善は復《ま》た妖《よう》と為る。人の迷うこと、それ日々固《もと》より久し。是《ここ》を以て聖人は、方なるも割《さ》かず。廉《れん》なるも劌《やぶ》らず。直なるも肆《し》ならず。光あれども燿《かがや》かさず。


其ノ政悶悶タレバ、其ノ民ハ淳淳タリ。其ノ政察察タレバ、其ノ民ハ欠欠タリ。

禍ハ兮福之所レ倚ル、福ハ兮禍之所レ伏ス、孰カ知ランヤ二其ノ極ヲ一。其レ無キノミレ正スコト。

正ハ復タ為リレ奇ト、善ハ復タ為ルレ妖ト。人之迷フコト、其レ日ミ固ヨリ久シ。

是ヲ以テ聖人ハ、方ナルモ而不レ割カ。廉ナルモ而不レ劌ラ。直ナルモ而不レ肆ナラ。光アレドモ而不レ燿カサ。

語釈　悶悶＝暗くてはっきりしないさま。昏昏昧昧、無智愚昧（『字通』）。淳淳＝ありのままで飾り気がない。純朴。察察＝細かに調べ明かす。欠欠＝こざかしい。妖＝妖怪。方＝四角。方正。廉＝清廉。劌＝音ケイ。やぶる。きずつける。直＝まっすぐ。肆＝音シ。ほしいまま。激怒。

全訳

ぼんやりした政治であると、民は純朴になる。刑名賞罰の政治であると、民は争い競う。禍《わざわい》は福のよりそうところ、福は禍の隠れているところ。いったい誰がその極地を知ろうか。正す基準がないのみだ。

正しい政治はまた奇襲となり、善なることはまた妖怪となる。人々がこの道に迷って道を失っているのは、久しい間である。

そういうわけで聖人は、方正で導いても方正で断ち切らない。清廉で導いても清廉で傷つけない。まっすぐで導いてもまっすぐで激怒させない。光で迷いを照らしても光で隠れを照らさない。

三段的論法

第一段「其政悶悶」〜「其民欠欠」（主題）無為自然の道による政治。

第二段「禍兮福之所倚」〜「其日固久」（解説）

第一節「禍兮福之所倚」〜「其無正」無為自然に則る政治は、天下を取る。

第二節「正復為奇」〜「其日固久」有為の政治・善治は害となる。

第三段「是以聖人」〜「光而不燿」（結論）聖人の政治は無為自然の道に因る。

主題で、無為自然の道に因る政治を規定し、解説で、無為自然の道に則る政治は、社会を大化するが、一方これに反して有為《ゆうい》の政治や善治をすると、戦争や妖怪を引き起こすと説明し、結論で、無為自然の道を体得した聖人の政治の仕方で結んだ。

評論

「廉《れん》なるも劌《やぶ》らず」の「廉」は、「稜利」の仮借で、『荘子』「山木篇」に「廉なれば則《すなわ》ち挫《くじ》く」とある。「稜利」は「挫」（くじく）である。かどの鋭いものは物をくじくといい、鄭玄《じょうげん》注に

「劌は傷《やぶ》るなり」とある。蔣錫昌《しょうしゃくしょう》は「廉なるも劌《やぶ》らず」は、「鋭利であるが傷《やぶ》らないことをいう」というが、王注は「廉」は「清廉」の意に取っている。この方が「無為自然の道」に合致している。

「直なるも肆《し》ならず」を呉澄《ごちょう》は、「直者は容隠（つつみかくす）する能《あた》わず。その言を縦肆《しょうし》（ほしいまま）して、以て人の短を訐《あば》く。聖人は則《すなわ》ち肆《し》（ほしいまま）ならず」といい、また「光あれども燿《かがや》かさず」を、「光は韜晦《とうかい》（才能・学問などをつつみくらまして、外に現さないこと）すること能《あた》わず。その行い炫耀《げんよう》（光かがやく）して、以て己の長を暴《さら》す。聖人は則《すなわ》ち燿《かがや》かさず」と解している。

△ 五十九章　長寿法（2）〈嗇・長生久視〉◎

人を治め天に事《つか》うるは、嗇《しょく》に若《し》くは莫《な》し。

それ唯《た》だ嗇。是《こ》れを早服《そうふく》と謂《い》う。早服これを重積徳《じゅうせきとく》と謂う。重積徳は則《すなわ》ち克《よ》くせざること無し。克《よ》くせざること無ければ則ちその極を知ること莫《な》し。その極を知ること莫きは、以て国を有《たも》つべし。

国を有《たも》つの母は、以て長久なるべし。是《こ》れを根《ね》を深くし柢《てい》を固くすと謂う。長生久視の道なり。

治《メテ》人《ヲ》事《フルハ》天《ニ》、莫《シ》若《クハ》嗇《ニ》。夫《レ》唯《ダ》嗇。是《レヲ》謂《フ》早服《ト》。早服謂《フ》之《ヲ》重積徳《ト》。重積徳《ハ》則《チ》無《シ》不《ルコト》克《クセ》。無《ケレバ》不《ルコト》克《クセ》則《チ》莫《シ》知《ルコト》其《ノ》極《ヲ》。莫《キハ》知《ルコト》其《ノ》極《ヲ》、可《シ》以《テ》有《ツ》国《ヲ》。有《ツ》国《ヲ》之母《ハ》、可《シ》以《テ》長久《ナル》。是《レヲ》謂《フ》深《クシテ》根《ヲ》固《クスト》柢《ヲ》。長生久視之道《ナリ》。

語釈 嗇＝農夫。一般の諸書は、ものおしみと解している。王注は農夫。早服＝早く無為自然の道に従う。重積徳＝早服をいう。徳を積み重ねる。極＝きわまる。柢＝ね（根）。根本。基礎。長生久視＝いつまでも生きながらえる。長寿。

全訳 政治の道と長寿の道は、農夫にこしたことはない。ただ農夫はこの道に早服する。早服は重積徳という。重積徳はできないことがない。できないことがないとこの道の極まりがわからない。この道の極まりがわからないのは国を保つことができる。国を保つ母は長久である。これを根を深くして本を固くするという。長寿の道である。

三段的論法

第一段 「治人事天、莫若嗇」（主題） 無為自然の道と嗇《しょく》。

第二段 「夫唯嗇」〜「可以有国」（解説） 嗇から早服・重積徳をいい、無為自然の道に従う政治に従う政治に及ぶ。

第三段 「有国之母」〜「長生久視之道」（結論） 無為自然の道の母の政治は長生久視の道である。

主題で、無為自然の道に従う「嗇《しょく》」について規定し、解説で、その「嗇」から早服・重積徳をいい、更に政治に及び、結論で、国を保つ母、すなわち無為自然の道の母（農業）は長生久視の道であると結んだ。

評論　第二段の、嗇《しょく》から早服、重積徳の説明は、理路整然としており、国を保つ母（農業）の結論に無理なく結んでいる。その論述の巧妙さに今更ながら感服する。

「嗇」を一般の諸書は、ものおしみ、つつしまやかと解しているが、王注は、農夫として、農作の作り方を無為自然の道に早く順う早服といい、更に早服したら焦らないでこの道に従うことを重積徳といっている。この方が自然な解し方である。農業が最も無為自然の道の担い手であると見ていたのである。当時の社会は、農業が主であったので、最も「無為自然の道」に合致していたので、「嗇」を農業と解したのであろう。早服・重積徳は、無為自然の道に至る用語である。

「長生久視」は長生きのこと、「久視」は長時間瞬きせずに物を見ていること。道家では「久視」を長生の秘訣としている。

〇　六十章　理想の政治（9）〈小鮮〉◎

大国を治むるは、小鮮《しょうせん》を烹《に》るが若《ごと》し。

道を以て天下に蒞《のぞ》めば、その鬼《おに》、神《かみ》ならず。その鬼、神ならざるのみに非《あら》ず。その神、人を傷つけず。その神人を傷つけざるのみに非ず。聖人も亦《ま》た人を傷つけず。

それ両《ふた》つながら相傷つけず。故に徳交《こも》ごも帰《き》す。

治《ムルハ》二大国《ヲ》一、若《シ》レ烹《ルガ》二小鮮《ヲ》一。（下平先）

以《テ》レ道《ヲ》蒞《メバ》二天下《ニ》一、其《ノ》鬼不レ神《ナラ》。（上平真）非《ズ》二其《ノ》鬼不《ルノミニ》一レ神《ナラ》。（真）其《ノ》神不レ傷《ツケ》レ人《ヲ》。（真）非《ズ》二其《ノ》神不《ルノミニ》一レ

傷《ツケ》レ人《ヲ》。（真）聖人《モ》亦《タ》不レ傷《ツケ》レ人《ヲ》。（真）あ

夫《レ》両《ツナガラ》不ニ相傷《ツケ》一。（下平陽）故《ニ》徳交《ゞ》帰《ス》焉。（下平先）

語釈　小鮮＝小魚。烹＝音ホウ。にる（煮）。料理したもの。蒞＝音リ。莅の俗字。のぞむ。神＝䰠《シン》の借字。「䰠《シン》」は『説文』に「䰠《シン》は神なり。鬼に従い、申声」とある。「䰠《シン》」は「神」の初文で鬼霊。「鬼不霊」というのと同じ。鬼がたたりをしない意。「道を以て」の「道」は「大国を治むるは、小鮮を烹《に》るが若《ごと》し」を指し、これが無為自然の道

である。


全訳　大国を治めるのは、小魚を煮るように、小細工しない。

この道で世の中に臨むと、鬼神は鬼神の働きをしない。鬼神が鬼神の働きをしないだけでなく、その働きは人を傷つけない。その働きが人を傷つけないだけでなく、聖人の政治もまた人を傷つけない。

両方とも互いに傷つけない。だからその徳はこもごもこの道に帰る。


三段的論法　第一段「治大国、若烹小鮮」（主題）無為自然の道の政治を小鮮に準《なぞら》えた。

第二段「以道莅天下」〜「聖人亦不傷人」（解説）この道で天下を治めた場合の鬼神と聖人のこと。

第三段「夫両不相傷。故徳交帰焉」（結論）鬼神と聖人と、共に無為自然の道に帰る。

主題で、小鮮の煮方を以て無為自然の道に準《なぞら》え、解説で、無為自然の道を以て天下を治めると鬼神が鬼神としての働きを失うだけでなく、人を傷つけない。それだけでなく、聖人も人を傷つけないといい、結論で、だから鬼神も聖人も共に、無為自然の道に帰ると結んでいる。

評論　この文はまことに論旨の通徹した文章である。老子が明晰な理論家であることの証左である。「傷」を、「やぶる」（宇恵）、「そこなわず」と訓んでいるのは不可。
「大国を治むるは、小鮮《しょうせん》を烹《に》るが若《ごと》し」は、よく引用される言葉であるが、これを主題として、鬼神も聖人も共に無為自然の道に帰ると結論していることは、余り知られていない。小鮮は小魚で、これを煮るときはつついたりかき回したりすると形がくずれるから、無用の手出しをしないでそっと煮る。大国の政治もそうであるという。

○　六十一章　謙下の徳（3）〈下流〉◎

大国は下流なり。天下の交《こう》にて、天下の牝《ひん》なり。牝は常に静を以て牡《ぼ》に勝つ。静にして下《くだ》るを為《な》すを以てなり。故に大国の以て小国に下れば、則《すなわ》ち小国を取り、小国の以て大国に下れば、則ち大国に取らる。

故に或いは下りて以て取り、或いは下りて取らる。大国は人を兼畜《けんちく》せんと欲するに過ぎず。小国は入りて人に事《つか》えんと欲するに過ぎず。

それ両者の各《おの》おのその欲する所を得んとすれば、大なる者は宜《よろ》しく下るを為《な》すべし。


大国者《は》下流ナリ。天下之交ニテ、天下之牝ナリ。

牝ハ常ニ以テレ静ヲ勝ツレ牡ニ。以テナリ二静ニシテ為スヲレ下ルヲ。

故ニ大国ノ以テ下レバ二小国ニ一、則チ取リ二小国ヲ一、小国ノ以テ下レバ二大国ニ一、則チ取ラル二大国ニ一。故ニ或イハ下リテ以テ取リ、或イハ下リテ而取ラル。大国ハ不レ過ギレ欲スルニ三兼二畜セント人ヲ一。小国ハ不レ過ギレ欲スルニ二入リテ事ヘントレ人ニ一。

夫レ両者ノ各〻得ンスレバ二其ノ所ヲ一レ欲スル、大ナル者ハ宜シク為スレ下ルヲ。

語釈　交＝帰会（帰り会う）する所。牝＝めす（雌）。牡＝おす（雄）。兼畜＝併合して養う。

全訳　大国は大河の下流で、世の中の万物が帰会する、世の中の静所（雌）である。静所（雌）はいつも静かで、躁動《そうどう》（雄）に勝つ。静かで下《くだ》るからである。だから、大国が小国に下る時は小国は大国に付き、小国が大国に下る時は大国は小国を取り入れる。

だから、下って取るのもあり、下って取られるのもある。これは、大国は民を合わせ養おうとするに過ぎなく、小国は大国の傘下になり、主に仕えて身を全うするに過ぎない。

両者がそれぞれ望む所を得る時は、大国が下る方がよい。

三段的論法　第一段　「大国者下流」～「天下之牝」（主題）　大国は下流で静かなところ。

第二段　「牝常以静勝牡」～「小国不過欲入事人」（解説）

第一節　「牝常以静勝牡。以静為下」　静所が躁動に勝つ理由。

第二節　「故大国以下小国」～「則取大国」　大国・小国のあり方。

第三節　「故或下以取」～「小国不過欲入事人」　下る理由。

第三段　「夫両者各得其所欲、大者宜為下」（結論）　大国がへりくだる方がよい。
主題で、大国を大河の下流、静所であると規定し、解説で、静所は躁動に勝ち、大国・小国も下る時はそれぞれ所を得ることをいい、結論で、大国が下る方がよいと結んだ。

評論　この章も政治論で、「無為自然の道」を「静」と「下《くだ》る」を以てすることが大事であることを、「牝牡《ひんぼ》」を以て論述したが、王注は「牝牡《ひんぼ》」を静下と躁動《そうどう》で表し、大国が下《くだ》る方がいいと説く。実に理路明晰な文である。

○　六十二章　道の本体(10)〈奥・天下の貴〉

道は、万物の奥《おく》なり。善人の宝、不善人の保んぜらるる所なり。

美言すれば以て市《か》うべく、尊行すれば以て人に加うべし。人の不善なるも、何ぞ棄《す》つることこれ有らん。

故に天子を立てて、三公を置くに、拱璧《きょうへき》の以て駟馬《しば》に先だつこと有りと雖《いえど》も、坐してこの道を進むるに如《し》かず。

古《いにしえ》のこの道を貴《たっと》ぶ所以《ゆえん》の者は何ぞ。以て求むれば得、罪有るも以て免るると曰《い》わずや。故に

天下の貴と為《な》る。

道者《は》、万物之奥《ナリ》。善人之宝●上声皓、不善人之所レ《ナリ》保●上声皓《ンゼラルル》。

美言《スレバ》可《ク》ニ以《テ》市《フ》一、尊行《スレバ》可《シ》ニ以《テ》加《フ》レ人。人之不善《ナルモ》、何《ゾ》棄《ツルコト》之《レ》有《ラン》。

故《ニ》立《テテ》ニ天子《ヲ》一、置《クニ》ニ三公《ヲ》一、雖《モ》レ有《リト》ニ拱璧《ノ》以《テ》先《ダツコト》ニ駟馬《ニ》一、不レ如《カ》ニ坐《シテ》進《ムルニ》ニ此《ノ》道《ヲ》一。

古之所三以《ノ》貴《ブ》ニ此《ノ》道《ヲ》一者《ハ》何《ゾ》。不レ曰《ハ》ニ以《テ》求《ムレバ》得、有《ルモ》レ罪以《テ》免《ルルト》一耶《や》。故《ニ》為《ル》ニ天下《ノ》貴《ト》一。

語釈 奥＝奥深い。究極。根源。王注は暧《あい》。庇蔭。たすけ守る。おかげ。所保＝無為自然の道に安んじて、生命を全うする所。市＝買う。尊行＝貴い行い。加人＝応じて来る。三公＝三大官。周代は太師・太傅《たいふ》・大保。または司馬・司徒・司空。拱璧＝両手で抱きかかえるほどの大きな璧。璧は円形で平たく、中央に円い穴のある玉器。駟馬＝四頭立ての馬車。『論語』「顔淵篇」に、「駟《し》も舌《した》に及ばず」とある。中国では、贈り物は二回に分け、小さいのを先に、大きいのを後にする風習があった。ここは物質的な贈り物より、無為自然の道を贈る方がよいと述べている。

全訳 この道は万物を助け守る。善人の宝で、不善人の安らぐ所。

この道を美言すると衆貨（おおくのもの）を買うようであり、尊んで行うと千里も遠い所からやって来る。不善の人もどうして見捨てよう。

だから天子を立て、三公を置くに、拱璧《きょうへき》を四頭立ての馬車より先に献上しても、いながらにこの道を進めるのに及ばない。

昔の人がこの道を尊ぶわけはどうしてか。この道を求めると求められ、罪があっても免れる。だからこの世の中で尊ばれるのだ。

三段的論法

第一段「道者、万物之奥」～「不善人之所保」（主題）無為自然の道の価値。

第二段「美言可以市」～「不如坐進此道」（解説）

第一節「美言可以市」～「何棄之有」　美言と尊行、及び善人の態度。

第二節「故立天子」～「不如坐進此道」　この道は、天子に献上する拱璧・駟馬より貴い。

第三段「古之所以貴此道者何」～「故為天下貴」（結論）　この無為自然の道は天下の貴である。

主題で、無為自然の道は万物の奥で、その価値を規定し、解説で、この道を美言・尊行・不善人の態度で説明し、天子に献上する拱璧《きょうへき》より尊いといい、結論で、天下の貴であると結んだ。

評論　本章は「無為自然の道」の価値は拱璧を献上するよりも尊いことを闡揚《せんよう》（明らかに）している。

○　六十三章　無為の功用（2）〈無難〉

無為を為《な》し、無事《ぶじ》を事《こと》とし、無味を味とす。

大小多少、怨《うら》みに報ゆるに徳を以てす。

難きをその易きに図り、大をその細に為《な》す。天下の難事は、必ず易きより作《おこ》り、天下の大事は、必ず細より作《おこ》る。

是《ここ》を以て聖人は、終《つい》に大を為《な》さず。故に能《よ》くその大を成す。

それ軽諾は必ず信寡《すく》なく、易《やす》しとすること多ければ必ず難《かた》きこと多し。是《ここ》を以て聖人は、猶《な》おこれを難《かた》しとす。故に終《つい》に難きこと無し。


為無為、事無事、味無味。

大小多少、報怨以徳。

図難於其易、為大於其細。天下難事、必作於易、天下大事、必作於細。

是以聖人、終不為大。故能成其大。

夫軽諾必寡信、多易必多難。是以聖人、猶難之。故終無難矣。

語釈 軽諾＝安請け合い。

全訳 無為を生活のよりどころとし、無事を不言の教えとし、無味を恬淡《てんたん》の味とする。

大は小より生じ、多は少より生じる。大怨《たいえん》には徳を以てする。

難しいことは易しい中《うち》に工夫し、大きな仕事は小さい中に始末する。世の中の難事は決まって容易なことから起こり、世の中の大事は決まって些細《ささい》なことから起こる。

そういうわけで聖人は、決して大きいことをしない。だから大きいことを成し遂げられる。そもそも安請け合いは決まって当てにならない。易しく考えすぎると決まってひどい目に会う。そういうわけで聖人は、一層細易《さいい》なことでも難しいとして取り組む。だから決して難しいことはない。

三段的論法

第一段「為無為」～「味無味」（主題）無為自然の道の別称、無為・無事・無味は治世の極地。

第二段「大小多少」～「故能成其大」（解説）

第一節「大小多少、報怨以徳」治世の仕方。

第二節「図難於其易」～「必作於細」治世の在り方。

第三節「是以聖人」～「故能成其大」聖人の治世の仕方。

第三段「夫軽諾必信寡」～「故終無難矣」（結論）聖人の治世の仕方。

主題で、無為自然の道の別称、無為・無事・無味は治世の極地であると規定し、解説で、その治め方を説明し、結論で、聖人の治世の仕方で結んだ。

評論 本章で問題点が二つある。一つは、「無為を為《な》し、無事を事《こと》とし、無味を味とす」を一般の諸書は、人生、処世、処事などの態度に取っているが、王注は「治の極なり」として、治世の仕方に取っている点。もう一つは、「大小多少、怨《うら》みに報ゆるに徳を以てす」の解釈である。「大小多少」についての王注はないが、「怨《うら》みに報ゆるに徳を以てす」について王注は、小怨は報いなくてもよいが、大怨は天下が誅《ちゅう》を欲する所はそれに従うことで、これが徳であるといっている。「大小多少」の解釈には異説が多い。この下に脱字があるという説（姚鼎《ようてい》・奚侗《けいとう》）、互文であるという説

（蔣錫昌《しょうしゃくしょう》）、「小を以て大と為し、少を以て多と為す」と解し、小を謹《つつし》み微を慎むとする説（高亨《こう》）、「大を能《よ》くする者は必ず小を能くし、多を能くする者は必ず少を能くす」とする説（林希逸《りんきいつ》）、『韓非子』「喩老《ゆろう》」の「大は小より生じ、多は少より起こる」を補成し、下句の「難きをその易きに図り、大をその細に為《な》す」の文義と関連させる説（厳霊峯《げんれいほう》『老子達解』）等がある。本章の全訳は厳霊峯説に従った。

○ 六十四章　無為の功用（3）〈学不学〉◎

　それ安ければ持ち易く、それ未《いま》だ兆《きざ》さざれば謀り易く、それ脆《もろ》きは泮《と》け易く、それ微なるは散じ易し。これを未《いま》だ有らざるに為《な》し、これを未だ乱れざるに治む。合抱《ごうほう》の木は、毫末《ごうまつ》より生じ、九層の台《うてな》は、累土《るいど》より起こり、千里の行《こう》は、足下より始まる。為《な》す者はこれを敗り、執る者はこれを失う。是《ここ》を以て聖人は、為すこと無し。故に敗るること無し。執《と》ること無し。故に失うこと無し。民の事《こと》に従うことは、常に幾《ほと》んど成るに於《お》いてこれを敗る。終わりを慎むこと始めの如くすれば、則《すなわ》ち敗事《はいじ》無し。是《ここ》を以て聖人は、欲せざるを欲して、得難きの貨を貴《たっと》ばず。学ばざるを学びて、衆人の過《あやま》つ所を復し、以て万物の自然を輔《たす》けて、敢《あえ》て為《な》さず。

其安易持、其未兆易謀、其脆易泮、其微易散。為之於未有、治之於未乱。
合抱之木、生於毫末、九層之台、起於累土、千里之行、始於足下。
為者敗之、執者失之。是以聖人、無為。故無敗。無執。故無失。民之従事、常於幾成而敗之。慎終如始、則無敗事。
是以聖人、欲不欲、不貴難得之貨。学不学、復衆人所過、以輔万物之自然、而不敢為。

語釈 脆＝もろい。音セイ、慣ゼイ。合抱＝一かかえ。毫末＝毛の先。ごく小さく、わずかなもののたとえ。累土＝積み重ねた土。幾＝ほとんど。

全訳 安定している時は持ちこたえ易く、まだ兆候が現れない時は謀り易く、脆《もろ》いのは溶かし易く、微細なのは散らし易い。安定と未兆はまだ生じない中《うち》に手を打ち、微と脆いのは乱れない中に治める。

一かかえの大木は毛先ほどの芽から生まれ、九層の高台は一盛りの土から積み上げ、千里の道は足下の一歩から始まる。

ことさらにやろうとすると失敗し、無理に摑《つか》まえようとすると取り逃がす。そういうわけで聖人は、何もしない。だから失敗しない。摑まえようとしない。だから取り逃がさない。民が仕事をする時は、いつも出来上がりかけて失敗する。始めの時のように仕上げを慎むと、そんなことはない。
そういうわけで聖人は、欲望のないのを欲望とし、得難い財貨《たから》を貴ばず、自然の道を学んで、人々の間違っている所を気づかせ、万物のあるがままを助け、無理して物事をしない。

三段的論法

第一段「其安易持」〜「治之於未乱」（主題）安定と未兆の処置について。

第二段「合抱之木」〜「則無敗事」（解説）

第一節「合抱之木」〜「始於足下」物は微細なことから始まる。合抱の木、九層の台《うてな》、千里の行《こう》で説明。

第二節「為者敗之」〜「則無敗事」世人は無為・無敗。だから失敗しない。

第三段「是以聖人」〜「而不敢為」（結論）聖人は無為自然の道を学んで、万物の自然を助ける。

主題で、安・未兆・脆・微の四つを挙げ、「終わりを慎む」ことを規定し、解説で、合抱の木、九層の台《うてな》、千里の行《こう》で微細の大事なことと、聖人は無為・無敗であるから、失敗はないが、民は有為《ゆうい》で終わりを慎まないから失敗するといい、結論で、聖人は無為自然の道を学んで、万物の自然を助けると結んだ。

評論 本章で注目すべきことは、初めの「それ安ければ持ち易く」の王注である。安定を維持するのには、危うきを忘れず、亡《うしな》うを忘れないようにする時は、維持し易いのであるといい、これが「終わりを慎む」ことであるという。

一般の諸書は、「安定しているのは維持し易い」と解しているだけで、どうしてそうなのかの説明がない。これを王注は「終わりを慎む」ことで規定している。未兆・脆微もそうであるという。更に「これを為《な》す」（為之）の「之」は、安定・未兆、「これを治む」（治之）の「之」は、微・脆を指している。こう規定している書は他にない。

次に「為《な》す者はこれを敗り、執《と》る者はこれを失う」の句は、二十九章に既に出ているので、奚《けい》侗《とう》・馬《ば》叙倫《じょりん》は錯簡《さくかん》であるというが、三段的論法の構成からすると、解説の第二節に、聖人の「為《な》すこと無し」をいう前提条件であるから、錯簡ではなく、意識的に再度述べたものと解すべきである。

「学ばざるを学ぶ」の王注の解は、一般の諸書とは全く違う。「学ばずして能《よ》くする者は自然なり。学ばざる者を喩《さと》すは過《あやま》りなり」（学ばないでできるものは、無為自然の道である。この学ばない無為自然の道の者に喩《さと》すのは誤りである）といって、人々に生まれながらに持っている「無為自然の道」を自覚させること、これが「学」であるという。

○　六十五章　理想の政治(10)　〈玄徳〉◎

古《いにしえ》の善《よ》く道を為《な》す者は、以て民を明らかにするに非《あら》ず。将《まさ》に以てこれを愚にせんとす。民の治め難きは、その智多きを以てなり。故に智を以て国を治むるは国の賊なり。智を以て国を治めざるは、国の福なり。

この両《ふた》つの者を知るは、亦《ま》た稽式《けいしき》なり。常に稽式を知る。是《こ》れを玄徳《げんとく》と謂《い》う。玄徳は深し、遠し。物と与《とも》に反《かえ》り、然《しか》る後に乃《すなわ》ち大順《たいじゅん》に至る。

古之善為道者、非以明民。将以愚之。民之難治、以其智多。故以智治国、国之賊。不以智治国、国之福。知此両者、亦稽式。常知稽式。是謂玄徳。玄徳深矣、遠矣。与物反矣、然後乃至大順。

語釈 明＝いつわりを示してありのままの樸《ぼく》をおおうこと（「多く巧詐《こうさ》を見《しめ》して、その樸《ぼく》を蔽《おお》う」王注）。愚＝知ることがなくありのままを守って、自然に順うこと（王注）。つまり「無為自然の道」に順うことをいう。智＝知恵（智慧）。物事を分別する心のはたらき。稽式＝法則。稽は同なり（『広雅』「釈詁四」）。玄徳＝無為自然の道の別称。大順＝一体となる。

全訳 昔の善《よ》くこの道を修めた人は、民を巧詐《こうさ》（ことば巧みに人を欺く）にしないで、無知でありのままを守る愚か者にする。

民を治めることが難しいのは、巧詐がおおいからだ。だから、巧詐を以て国を治めるのは、国の賊。巧詐を以て国を治めないのは、国の幸せ。

この二つの物を知るのは、亦《ま》た政治の掟《おきて》。常にこの掟を知るのを、玄徳《げんとく》という。玄徳は深遠である。

万物と共に根源に返って、そこで初めてこの道に大順《たいじゅん》する。

明晰な三段的論法

第一段　「古之善為道者」～「将以愚之」（主題）無為自然の道を以て政治をする為政者の政治の仕方。

第二段　「民之難治」～「玄徳深矣、遠矣」（解説）

第一節　「民之難治」～「国之福」　政治の在り方。

第二節　「知此両者」～「玄徳深矣、遠矣」　稽式と玄徳の説明。

第三段　「与物反矣。然後乃至大順」（結論）　無為自然の道に返る大順の政治。

主題で、善《よ》い為政者は無為自然の道を以て政治をすると規定し、解説で、政治の在り方をいい、結論で、無為自然の道の政治を大順《たいじゅん》で結んだ。

評論　本章で注目すべき点は、王注が「明」を、「巧詐《こうさ》を見《しめ》して、その樸《ぼく》を蔽《おお》う」（いつわりを示して、ありのままの樸をおおう）と解していることである。一般の諸書は、賢明、聡明と解している。また「愚」を王注は「知ること無く真を守り、自然に順う」と解し、愚民政治ではなく、あくまでも無為自然の道に順うようにする政治であるといっている。老子の政治の仕方を「愚民政治」というのは誤りであることを、明確に断言している言葉である。

また「稽式《けいしき》」の「稽」を「同なり」と解している王注は、『広雅』「釈詁四」に拠ったのである。想うに、この両者（福・賊）を知る稽式は、昔も今も同じく変わらない法則と同じということで、「同なり」といったのであろう。したがって「稽式」は法則ということになる。河上公《かじょうこう》本は「楷式」になっている。「楷」は、のり（範）、手本の意であるから、「稽式」と同じ意となる。

「与物反矣」を、「物と反《かえ》す」と訓じ、世間とは反対であると解している書もあるが、王弼が「その真に反《かえ》るなり」と注していることから、無為自然の道に返ることとするのが自然である。「玄徳《げんとく》」は玄妙な徳で、無為自然の道の別称で、十章・五十一章にも見えている。「大順《たいじゅん》」はこの道に大いに順うことで、「復帰」「一体」と同意である。

○ 六十六章　謙下不争の徳（4）〈江海〉◎

江海《こうかい》の能《よ》く百谷《ひゃくこく》の王と為《な》る所以《ゆえん》の者は、その善《よ》くこれに下《くだ》るを以て、故に能く百谷の王と為る。

是《ここ》を以て民に上《うえ》たらんと欲すれば、必ず言を以てこれに下《くだ》り、民に先んぜんと欲すれば、必ず身を以てこれに後《おく》る。

是《ここ》を以て聖人は、上に処《お》りても民は重んぜず。前に処《お》りても民は害せず。

是《ここ》を以て天下は推すことを楽しみて厭《いと》わず、その争わざるを以て、故に天下能くこれと争うこと莫《な》し。

江海ノ所ヨ以ノ能ク為ル二百谷ノ王一ト者ハ、以テ二其ノ善ク下ルヲ一レ之ニ、故ニ能ク為ル二百谷ノ王一ト。是ヲ以テ欲スレバレ上タラントレ民ニ、必ズ以テレ言ヲ下リレ之ニ、欲スレバレ先ンゼントレ民ニ、必ズ以テレ身ヲ後ルレ之ニ。

是ヲ以テ聖人ハ、処リテモレ上ニ而民ハ不レ重ンゼ。処リテモレ前ニ而民ハ不レ害セ。

是ヲ以テ天下ハ楽シミテレ推スコトヲ而不レ厭ハ、以テ二其ノ不ルヲ一レ争ハ、故ニ天下莫シ二能ク与レ之争フコト一。

語釈 江海＝大河や海。不重＝重んじない。

全訳 大河や海が百谷《ひゃくこく》の王となれるのは、善《よ》く低い所にいて遜《へりくだ》るから、百谷の王となれるのだ。だから、民の上になろうとする時は必ず言葉を遜《へりくだ》り、民に先んじようとする時は必ずわが身を後《あと》にする。

そういうわけで聖人は、上にいても民は重んじなく、前にいても邪魔にならない。だから、世の中の人は押し戴くを楽しんでいやがらず、争わないので、聖人と争うことがない。

三段的論法 第一段「江海所以能為百谷王者」～「故能為百谷王」（主題）謙下の徳を江海に譬えた。

第二段「是以欲上民」～「処前而民不害」（解説）

第一節「是以欲上民」～「必以身後之」為政者の謙下の徳。

第二節「是以聖人」～「処前而民不害」聖人の謙下の徳。

第三段「是以天下楽推而不厭」～「故天下莫能与之争」（結論）聖人の不争の徳。

主題で、謙下の徳を規定し、解説で、謙下の実際と聖人の徳をいい、結論で、聖人の不争の徳で結んだ。

評論 本章には、三十一章と同じく、全く王注がない。語句内容に問題がなく、趣旨が明瞭であるからであろう。ただ宇恵訓は、「不重」を「重んぜず」と訓読し、一般の諸書の「重い」と解していない。この方がむしろ「無為自然の道」に適っているので、これを採った。

政治家が権力に居座って、ふんぞり返っている様子を警告した。老子は政治に極めて深い関心を持っていた。しかし所謂《いわゆる》政治家は嫌いだった。

○ 六十七章　三宝の徳〈不肖〉◎

天下は皆我が道は大なるも、不肖《ふしょう》に似たりと謂《い》う。それ唯《た》だ大なり。故に不肖に似たり。若《も》し肖《しょう》なれば、久しいかな、それ細なるかな。

我に三宝有り。持してこれを保つ。一に曰《いわ》く慈《じ》、二に曰く倹《けん》、三に曰く敢《あえ》て天下の先《せん》と為《な》らず。

慈なり。故に能《よ》く勇なり。倹なり。故に能く広し。敢て天下の先と為らず。故に能く器《き》の長と成る。

今、慈を舎《す》てて勇を且《と》り、倹を舎《す》てて広を且《と》り、後《おく》るるを舎《す》てて先んずるを且《と》れば、死せん。

それ慈は、以て戦えば則《すなわ》ち勝ち、以て守れば則ち固し。天将《まさ》にこれを救わんとす。慈を以てこれを衛《まも》ればなり。

天下皆謂我道大似不肖。夫唯大。故似不肖。若肖、久矣、其細也《なる》夫《かな》。

我有三宝。持而保之。一曰慈、二曰倹、三曰不敢為天下先。

慈。故能勇。倹。故能広。不敢為天下先。故能成器長。

今舎慈且勇、舎倹且広、舎後且先、死矣。

夫慈以戦則勝、以守則固。天将救之。以慈衛之。

語釈 不肖＝愚か者。肖は小さい。似る。無為自然の道に似ること。慈＝いつくしみ。あわれみ。倹＝つつましやか。無駄遣いしない。器長＝器の長。「長」は上声二十二養。宇恵注に「成器の長なり」と訓んでいる。且＝音ショ。とる（取）。かつの意ではない。

全訳 世の中の人は皆わたしの道は大きいが、愚か者のようだという。そもそもただ大きい。だから愚か者のようだ。もし愚か者でなかったら、とっくの昔から小さい者となっていたなあ。

わたしには三つの宝があり、身に持って守っている。一つは慈《じ》、二つは倹《けん》、三つは進んで世の中の先にならないことだ。

慈、だから勇者になれ、倹、だから豊かになれ、進んで世の中の先にならない、だから器《き》の長となれる。
今、慈を捨てて勇気を取り、倹を捨てて豊かさを取り、後になるのを捨てて先になるのを取ると、死ぬであろう。
一体慈は戦うと勝ち、守ると堅固になる。天は慈を救おうとする。慈を以て守るからだ。

三段的論法

第一段　「天下皆謂我道大似不肖」～「其細也夫」（主題）　無為自然の道と不肖。
第二段　「我有三宝」～「死矣」（解説）
　第一節　「我有三宝」～「三曰不敢為天下先」　無為自然の道の三宝の内容。
　第二節　「慈。故能勇」～「故能成器長」　三宝の功用。
　第三節　「今舎慈且勇」～「死矣」　三宝を捨てた場合の結果。
第三段　「夫慈以戦則勝」～「以慈衛之」（結論）　慈の性格と無為自然の道。
主題で、無為自然の道は不肖であると規定し、解説で、無為自然の道の三宝を挙げ、結論で、慈を以て結んだ。

評論　本章は二十章と同様に「我」の立場を宣言した。「我」は老子の道の「無為自然の道」を指す。「我」を「不肖」といい、三宝の慈、倹、敢て天下の先とならずを挙げ、慈を以て結んでいるのは、孔子が「仁」を以て最高の徳目としたのに対し、老子は「慈」を無為自然の道の最高徳目としたのである。「敢《あえ》て天下の先《せん》と為《な》らず」は、七章の「聖人は、その身を後《あと》にして身先んじ、その身を外にして身存す」と通じているが、「慈」だけは『老子』中、他の章にない。この「慈」を天の道が守ってくれるといったのは、「慈」の重要性を強調しただけでなく、孔子の「仁」に対する意識からであろう。

「慈」を王注は、「相愍《そうびん》にして難を避けず」といっているが、「慜」は『広韻』で「聡なり」と解し、「愍《みん》」が雑じっているといっているから、聡明の中に憐れみ傷《いた》む気持ちがある意としている。したがって「慈」の意味に通じる。「愍」は漢音ビン、呉音ミンで、あわれむの意。

○ 六十八章　不争の兵法（1）〈不武〉◎

> 善《よ》く士為《た》る者は武ならず。善く戦う者は怒らず。善く敵に勝つ者は与《とも》にせず。善く人を用うる者はこれが下《した》と為《な》る。是《こ》れを不争の徳と謂《い》う。是れを人の力を用うと謂う。是れを天に配すと謂う。古《いにしえ》の極なり。

善ク為ルレ士者ハ不レ武ナラ。

善ク戦フ者ハ不レ怒ラ。善ク勝ツレ敵ニ者ハ不レ与ニセ。善ク用フルレ人ヲ者ハ為ル二之ガ下ト一。是レヲ謂フ二不争之徳ト一。是レヲ謂《フ》レ用《フト》ニ人之力《ヲ》一。
是《レヲ》謂《フ》レ配《スト》レ天《ニ》。古之極《ナリ》。

語釈 士＝兵士の帥。不与＝共に争わない。極＝無為自然の道を指す。

全訳 善《よ》い最高指揮官は、先んじて凌《しの》がない。善く戦う者は怒らない。善く敵に勝つ者は争わない。善く人を用いる者は遜《へりくだ》る。これを不争の徳という。これを人の力を用いるという。

これを天に配するという。古《いにしえ》の道である。

三段的論法 第一段「善為士者不武」（主題） 善士は武でない。

第二段「善戦者不怒」～「是謂用人之力」（解説） 善士の具体的行為。

第三段「是謂配天。古之極」（結論） 無為自然の道。

主題で、善士は武でないと規定し、解説で、具体的に行為を挙げ、結論で、無為自然の道で結んだ。

評論 「武」を王弼は、「先んじて人を凌《しの》ぐを尚《たっと》ぶなり」（先になって人にまさるのを尊ぶのである）と注している。武は止（あし）＋戈（ほこ）の会意。武器を持って歩く。止は趾（あし）の原形。歩の略形。戈を執って進む。歩武（歩きぶり）の堂々たるをいう。『説文』には「楚の荘王曰《いわ》く、夫《そ》れ武は功を定め、兵を戢《おさ》む。故に止戈《しか》を武と為《な》す」（武はてがらを定め、武器をおさめる。だから止戈を武という）とある。戦争を止める意に解している。

「天に配す」は、天地自然の理に配している、つまり無為自然の道を指す。この道は「古《いにしえ》の極」

をいい、「不争の徳」であるとした。

○ 六十九章　守勢の兵法（2）〈用兵〉◎

兵を用うるに言えること有り。吾敢《あ》えて主《しゅう》と為《な》らずして客《かく》と為る。敢て寸を進まずして尺を退く。

是《こ》れを行けども行く無く、攘《はら》えども臂《うで》無く、執《と》れども兵無く、扔《つ》けども敵無しと謂《い》う。

禍《わざわい》は敵を軽んずるより大なるは莫《な》し。敵を軽んずれば、吾が宝を喪《うしな》うに幾《ちか》し。

故に兵を抗《あ》げて相加うるに、哀《かな》しむ者は勝つ。


用兵有言。吾不敢為主而為客。不敢進寸而退尺。

是謂行無行、攘無臂、執無兵、扔無敵。

禍莫大於軽敵。軽敵幾喪吾宝。

故抗兵相加、哀者勝矣。

語釈 臂＝音ヒ。うで（腕）。扔＝音ジョウ。つく（突）。宝＝三宝。六十七章参照。抗＝挙げる。加＝当たる。

全訳 兵法にこんな言葉がある。わたしは進んで主《しゅう》とならないで客《かく》となる。進んで寸を進まないで尺を退く。

これを、行軍しても軍列がなく、攘《はら》っても腕がなく、武器を執《と》っても兵士なく、突いても敵がないという。

禍《わざわい》は敵を侮《あなど》るより大きいものはない。敵を侮るのは、わたしの三宝を失うに近い。

だから、兵を挙げて敵に当たるに、戦いを哀れむ者が、勝利を収める。

三段的論法 第一段「用兵有言」～「不敢進寸而退尺」（主題）用兵の術。

第二段「是謂行無行」～「軽敵幾喪吾宝」（解説）

第一節「是謂行無行」～「扔無敵」用兵の説明。

第二節「禍莫大於軽敵。軽敵幾喪吾宝」敵を軽んずるなかれ。

第三段「故抗兵相加、哀者勝矣」（結論）勝利は哀れむ者にある。

主題で、用兵の術の語を引用し、解説でそれを説明し、敵を軽視することは、三宝を失うと戒め、結論で、哀れむ者は勝つと結んだ。

評論 「哀者」は、三宝の一つの「慈《じ》」、すなわち「謙退哀慈」である（王注）。

「扔無敵、執無兵」の二句は、王注に「執無兵、扔無敵」とあり、帛書《はくしょ》甲・乙本にもこうあるので、本書では順序を改めた。

本章は、老子の兵法を表したもので、この章のほかに、三十、三十一、六十八章の三章に既に述べている。

○ 七十章　褐を被て玉を懐く

吾が言《げん》は甚《はなは》だ知り易く、甚だ行い易きに、天下は能《よ》く知ること莫《な》く、能く行うこと莫し。言に宗《そう》有り、事《こと》に君《きみ》有り。それ唯《た》だ知ること無し。是《ここ》を以て我を知らず。我を知る者希《まれ》なれば、則《すなわ》ち我は貴《たっと》し。
是《ここ》を以て聖人は、褐《かつ》を被《き》て玉《たま》を懐《いだ》く。

吾言甚易知、甚易行、天下莫能知、莫能行。
言有宗、事有君。夫唯無知。是以不我知。知我者希、則我者貴。
是以聖人、被褐懐玉。

語釈　宗＝万物の宗（大本）。君＝万物の主。褐を被て玉を懐く＝褐は毛衣。粗い毛織の衣服。賤者が着る。「玉を懐く」は、玉のありのままの姿を宝として抱いていること。玉の美しさを外に出さないこと。聖人は賤者の服装をして、世人と同じくし、玉のような無為自然の道の光を抱いていても外に出さないで、世人と同じくしている。だから世人は知り難く貴いのである。

全訳　わたしの言葉はとても知りやすく、とても行いやすいのに、世の中の人は知ることができず、行うことができる者はいない。

わたしの言葉には大本《おおもと》があり、物事には主《ぬし》があるのに、ただわたしを知らない。それでわたしを知らないのだ。わたしを知る者は滅多にいないから、わたしは貴い。

だから聖人は、粗末な衣服を身につけて、懐に玉を抱いているのだ。


三段的論法　第一段「吾言甚易知」～「莫能行」（主題）　吾が言葉と世人。

第二段「言有宗」～「則我者貴」（解説）

第一節「言有宗」～「事有君」　無為自然の道には宗主がある。

第二節「夫唯無知」～「則我者貴」　知ることが希《まれ》だから貴い。

第三段「是以聖人、被褐懐玉」（結論）　知らない理由。

主題で、わが言は知行し易いことを規定し、解説で、世人はこれを知らない、知ることが希だから貴いと説明し、結論で、その理由を「褐《かつ》を被《き》て玉《たま》を懐《いだ》く」で結んだ。まことに筋の通った論法である。

評論　世人が、老子の無為自然の道を知らないのを嘆いていった文章であるが、それは「褐《かつ》を被《き》て玉《たま》を懐《いだ》く」からもっともだと、理由を述べながら周知させようとしたのである。この語は、四章の「和光同塵《わこうどうじん》」と同様な意味である。「玉を懐く」の王注「その真を宝とするなり」は、蓋《けだ》し名訳である。『中庸』の「錦《にしき》を衣《き》て絅《けい》（ひとえの薄衣）を尚《くわ》う」と同義の名句である。

○ 七十一章　真知

> 知りて知らざるは上《じょう》なり。知らずして知るは病《へい》なり。
> それ唯《た》だ病を病とす。是《ここ》を以て病あらず。
> 聖人は病あらず。その病を病とするを以て、是《ここ》を以て病あらず。

知リテ不ルハレ知ラ上ナリ（去声漾）。不シテレ知ラ知ルハ病ナリ（去声敬）。

夫レ唯ダ病トスレ病ヲ。是ヲ以テ不レ病アラ。

聖人ハ不レ病アラ。以テニ其ノ病トスルヲレ病ヲ、是ヲ以テ不レ病アラ。


全訳　知っていても十分でないと分かるのが最上。十分に知らないのを分からないのが欠点。

そもそもただ欠点を欠点として自覚する。だから欠点がない。

聖人は欠点がない。欠点を欠点として自覚する。だから欠点がない。

三段的論法　第一段「知不知上。不知知病」（主題）知と不知。
第二段「夫唯病病。是以不病」（解説）真知は欠点の自覚。

第三段　「聖人不病」～「是以不病」（結論）　聖人の真知。

主題で、知と不知の本意を規定し、解説で、真知は何かをいい、結論で、聖人の真知で結んだ。

評論　本文の「夫唯病病。是以不病」の八字は次の聖人の文と重複しており、帛書《はくしょ》の甲・乙本、及び景竜《けいりゅう》写本、竜興観碑《りゅうこうかんぴ》などにないので、後次的の竄入《さんにゅう》としたり、蔣錫昌《しょうしゃくしょう》のように、「それ唯《た》だ病《へい》を病とす。是《ここ》を以て病あらず」は「聖人は病《へい》あらず。その病を病とするを以て、それ唯《た》だ病を病とす。是《ここ》を以て病あらず」の誤倒句であるとする説もあるが、三段的論法の構成からすると、王注通りでよい。

なお『論語』の「これを知るをこれを知ると為《な》し、知らざるを知らずと為す。これ知るなり」（為政第二）や、ソクラテスの「汝自身を知れ」と同意である。

▲　七十二章　政治の要道〈権威・無為〉◎

民、威《い》を畏《おそ》れざれば、則《すなわ》ち大威《たいい》至る。
その居《お》る所を狎《かろ》んずること無く、その生くる所を厭《いと》うこと無かれ。
それ唯《た》だ厭わざるのみ。是《ここ》を以て厭わず。

是《ここ》を以て聖人は、自《みずか》ら知るも自ら見《あらわ》さず。自《みずか》ら愛するも自ら貴《たっと》しとせず。故に彼を去りて此《これ》を取る。


民不畏威、則大威至。

無狎其所居、無厭其所生。

夫唯不厭。是以不厭。

是以聖人、自知不自見。自愛不自貴。

故去彼取此。

語釈 威＝無為自然の道の威力。大威＝天罰。狎＝かろんずる（軽）。居＝王注「清浄（邪念や私心がない）無為」。生＝王注「謙後不盈」（謙遜消極）。「居生」は無為自然の道の別称。宇恵注は「所居・所生」と訓んでいるが、誤解され易い。不厭＝無為自然の道をいやがらない。厭は音エン。貴＝おもんずる（重）。

全訳 民が思い上がって力を恐れないと、天罰がやってくる。

清浄無為を軽んじるな。謙遜消極をいやがるな。

そもそもただ自分がこの道をいやがらない。だから世の中の人はいやがらない。

こういうわけで聖人は、自《みずか》ら知ってもそれを現して権威を行わず、自《みずか》ら愛しても自分を貴いとしないで、無為自然の道に順う。

だから権威を捨ててこの道を取る。

三段的論法

第一段「民不畏威、則大威至」（主題）民とこの道。
第二段「無狎其所居」～「自愛不自貴」（解説）
第一節「無狎其所居、無厭其所生」無為自然の道の別称の「居生」の意。
第二節「夫唯不厭。是以不厭」「居生」を厭わないこと。
第三節「是以聖人」～「自愛不自貴」聖人と権威。
第三段「故去彼取此」（結論）権威を捨てて、この道を取る。

主題で、民と権威の関係を規定し、解説で、無為自然の道の別称の「居生」を説明し、ただ「居生」を厭わず、聖人は無為自然の道を守り権威を行わないといい、結論で、権威を捨てて、無為自然の道を取ると結んだ。

評論

「居生」は、無為自然の道の別称、「居」を「清浄無為」、「生」を「謙後不盈《えい》」（謙遜消極）と解している王注は卓見である。一般の諸書は、安住と生業と解している。無為自然の道の別称を以て説明している王注の方が妥当である。

「民、威を畏《おそ》れず」の「威《い》」を、上《かみ》の「刑罰」としている書が多いが、王注に拠る限り、「無為自然の道の威力」つまり「天威」と解すべきである。「大威《たいい》」は天誅、天罰。

「自《みずか》ら愛するも自《みずか》ら貴《たっと》しとせず」は、自分を愛しても自分を貴いとしないで「無為自然の道」に順うと見るのがよい。

○ 七十三章　天の道（2）〈天網恢恢〉◎

敢《かん》に勇なれば則《すなわ》ち殺され、不敢《ふかん》に勇なれば則ち活《い》く。この両《ふた》つの者は、或いは利、或いは害。天の悪《にく》む所は、孰《たれ》かその故を知らん。是《ここ》を以て聖人は、猶《な》おこれを難《かた》しとす。天の道は、争わずして善《よ》く勝ち、言わずして善く応じ、召《まね》かずして自《おのずか》ら来《きた》り、繟然《たんぜん》として善く謀《はか》る。天網恢恢《てんもうかいかい》、疎《そ》にして失わず。

勇ナレバ二於敢ニ一則チ殺●〔入声黠〕サレ、勇ナレバ二於不敢ニ一則チ活●〔入声曷〕ク。

此ノ両ツノ者ハ、或イハ利、或イハ害。

天之所ハレ悪●〔去声遇〕ム、孰カ知ランニ其ノ故●〔去声遇〕ヲ一。是ヲ以テ聖人ハ、猶ホ難シトスレ之ヲ。

天之道ハ、不シテレ争ハ而善ク勝チ、不シテレ言ハ而善ク応ジ、不シテレ召カ而自ラ来リ、繟然トシテ而善ク謀ル。

天網恢恢、疎ニシテ而不レ失ハ。

語釈 繟然＝ゆったりしているさま。「繟」は音タン、セン。天網＝天が張る網。恢恢＝広く大きい。疎＝あらい。細かでない。「疎」は俗字、本字は「疏」。

全訳 進んでする勇気があると殺され、進んでしない勇気があると活《い》きられる。

この両《ふた》つのものは利害が違う。

天が憎む所は誰もそのわけがわからない。だから聖人でさえ、やはり難いとする。

この道は、争わないで善く勝ち、言わないで善く応じ、招かないで自《おのずか》ら来、ゆったりとしていて善《よ》く謀《はか》る。

天の網の目は粗《あら》く大きいが、何でも見逃さない。


三段的論法 第一段「勇於敢則殺、勇於不敢則活」（主題）　敢と不敢の功罪。

第二段「此両者」～「繟然而善謀」（解説）

第一節「此両者」～「或利或害」　両者の利害。

第二節「天之所悪」～「猶難之」　天の悪《にく》む所。

第三節「天之道」～「繟然而善謀」　天の道の功用。

第三段「天網恢恢、疎而不失」（結論）　天道の理法。

主題で、敢と不敢の勇気を規定し、解説で、両者の利害、天の意志、天の道の功用をいい、結論で、天道の理法で結んだ。

評論 「敢《かん》」と「不敢《ふかん》」を主題としたのは、不敢（消極）が天の道、すなわち天の理法であることを認識させるためである。

この「敢」「不敢」を裁判官の態度にしている書が多いが、そう限定せず、広く一般のこととする方が適切であろう。

「天網《てんもう》恢恢《かいかい》、疎《そ》にして失わず」は、「疎にして漏《も》らさず」（孫鑛《そんこう》『古今本攷正』）ともある。一般にはこの訓が多い。天が悪人を捕らえるために張る網の目はあらく大きいが、取り逃がすことはない。善は必ず栄え、悪は必ず滅びる意。

△　七十四章　天の刑罰　〈司殺者〉

民、死を畏《おそ》れざれば、奈何《いかん》ぞ死を以てこれを懼《おそ》れしめん。

若《も》し民をして常に死を畏れしめて奇を為《な》す者は、吾執《とら》えてこれを殺すことを得んも、孰《たれ》か敢《あえ》てせん。常に殺《さつ》を司る者有りて殺す。

それ殺を司る者に代わりて殺すは、是《こ》れを大匠《たいしょう》に代わりて斲《き》ると謂《い》う。

それ大匠に代わりて斲《き》る者は、その手を傷つけざること有ること希《まれ》なり。

民不レバレ畏レ死ヲ、奈何ゾ以テレ死ヲ懼レシメンレ之ヲ。

若《シ》使《メテ》二民《ヲシテ》常《ニ》畏《レ》レ死《ヲ》而為《ス》レ奇《ヲ》者《ハ》、吾得《ンモ》二執《ヘテ》而殺《スコトヲ》レ之《ヲ》、孰《カ》敢《テセン》。常《ニ》有《リテ》二司《ル》レ殺《ヲ》者一殺《ス》。

夫《レ》代《ハリテ》二司《ル》レ殺《ヲ》者《ニ》一殺《スハ》、是《レヲ》謂《フ》下代《ハリテ》二大匠《ニ》一斲《ルト》上。

夫《レ》代《ハリテ》二大匠《ニ》一斲《ル》者《ハ》、希《ナリ》レ有《ルコト》レ不《ルコト》レ傷《ツケ》二其《ノ》手《ヲ》一矣。

語釈 奈何＝どうして。疑問。奇＝奇怪（あやしい）。司殺者＝天。大匠＝すぐれた工夫（職人）。大工の長。斲＝音タク。きる。けずる。

全訳 民が死を恐れず、すてばちになると、どうして死を以て、おどすことができよう。もし民に常に死を恐れさせて、奇怪なことをする者は、わたしは捕らえて、殺すことができても、誰が進んで殺すことをしよう。そもそも殺すことを司る者に代わって殺す。これを大匠《たいしょう》に代わって斬《き》るという。

大匠に代わって斬る者は、自分の手を傷つけないことは滅多にない。

三段的論法 第一段「民不畏死、奈何以死懼之」（主題）民の死について。

第二段「若使民常畏死而為奇者」〜「是謂代大匠斲」（解説）

第一節「若使民常畏死而為奇者」〜「常有司殺者殺」奇を為す者は殺すことを司る者が殺す。

第二節「夫代司殺者殺、是謂代大匠斲」大匠に代わって殺す。

第三段「夫代大匠斲者、希有不傷其手矣」（結論）司殺者に代わる者は自ら傷つく。

主題で、民の死について規定し、解説で、司殺者は天であるが、代殺者が殺すといい、結論で、代殺者は自ら傷つくと結んだ。

評論 「司殺者」は天道、つまり自然の理法、無為自然の道に順った者の裁きをいう。「殺を司る者に代わりて」は、天道に逆らって人為的な刑罰をする者、これを大匠《たいしょう》（大工の棟梁）と、これに代わって木を伐る者に準《なぞら》えた。無為自然の道に順って、民の生殺を司る者が、生殺の権を行使するが、これに逆らってする者は、大工の棟梁に代わって木を伐るようなもので、下手な者が代わってすると、かえって自分の手を傷つけることが多いのと同様だという。

明和本の本文は「夫レ司ル㆑殺ヲ者、是レヲ大匠斲ル」になっているが、意味が通じないので、河上公《かじょうこう》本・道蔵《どうぞう》本などによって、本書の如く「夫レ代ハリテ㆓司ル㆑殺ヲ者ニ㆒殺ス、是レヲ謂フ㆘代ハリテ㆓大匠ニ㆒斲ルト㆖」に改めた（素軒注）。

本章は老子が当時の厳刑峻法《しゅんぽう》によって、民を否応なしに死途に走らせる状況を、沈痛に抗議した文である。

○ 七十五章　有為の政治〈求生の厚〉

> 民の饑《う》うるは、その上《かみ》の税を食《は》むの多きを以て、是《ここ》を以て饑《う》う。

民の治め難きは、その上の為《な》すこと有るを以て、是を以て治め難し。

民の死を軽んずるは、その生を求むるの厚きを以て、是を以て死を軽んず。

それ唯《た》だ生を以て為《な》すこと無き者は、是《こ》れ生を貴《たっと》ぶより賢《まさ》れり。


民之饑、以其上食税之多、是以饑。

民之難治、以其上之有為、是以難治。

民之軽死、以其求生之厚、是以軽死。

夫唯無以生為者、是賢於貴生。

語釈 有為＝なそうとする意志。作為。 求生之厚＝生きようとする考えが厚いこと。

全訳 民が饑《う》えるのは、為政者が税を多く取りすぎるから饑えるのだ。

民が治めにくいのは、為政者が作為を以てするから治めにくいのだ。

民が死を軽んじるのは、ひたすら生きよう生きようとし、執着するから死を軽んじるのだ。

ただ生きることに作為をしない者は、生きることを尊ぶ者より勝っている。

三段的論法
第一段 「民之饑」～「是以饑」（主題） 民は重税によって飢える。
第二段 「民之難治」～「是以軽死」（解説）
第一節 「民之難治」～「是以難治」 民の治め難い理由。
第二節 「民之軽死」～「是以軽死」 民の死を軽んじる理由。

第三段　「夫唯無以生為者、是賢於貴生」（結論）　作為のない生き方の尊さ。

主題で、民は重税によって飢えると規定し、解説で、有為《ゆうい》の政治、生を求める生き方は共に害があるといい、結論で、無為自然の道に適った政治の肝腎であることを、「生を貴《たっと》ぶより賢《まさ》れり」と結んだ。

評論　「饑」は「飢」より甚だしいうえ。「生を求むるの厚き」は五十章の「生生《せいせい》の厚き」と同意。「生を貴《たっと》ぶ」の「生」は、生命を大事にし養生すること。

「民の死を軽んずるは、その生を求むるの厚きを以て、是《ここ》を以て死を軽んず」は分かりにくい表現であるが、「生を求むるの厚き」、つまり生きよう生きようとする考えが厚いのは、かえって死を早めるもので、死を軽んじることになると老子はいうのである。「有為《ゆうい》・作為」を以てすることの害をいっている。

○　七十六章　柔弱の徳（4）〈生・死〉◎

人の生まるるや柔弱なり。その死するや堅強なり。万物草木の生ずるや柔脆《じゅうぜい》なり。その死するや枯槁《ここう》す。

故に堅強なる者は、死の徒《と》なり。柔弱なる者は、生の徒なり。

是《ここ》を以て、兵強ければ則《すなわ》ち勝たず。木強ければ則ち共《くわ》えらる。

強大なるは下に処《お》り、柔弱なるは上に処《お》る。


人之生也柔弱。其死也堅強。万物草木之生也柔脆。其死也枯槁。

故堅強者、死之徒。柔弱者、生之徒。

是以兵強則不勝。木強則共。

強大処下、柔弱処上。

語釈 柔脆＝脆は音ゼイ。やわらかでよわい。枯槁＝共に枯れる。共＝加えられる。兪樾《ゆえつ》は「折の字の転写の誤り」という。

全訳 人が生まれた時は柔らかで弱い。人が死ぬと堅く強《こわ》ばってしまう。万物草木が芽を出した時は柔らかで弱い。枯れると干《ひ》からびてコチコチになる。

だから堅くて強《こわ》ばっているものは、死者の仲間。柔らかで弱いものは、生者の仲間。

そういうわけで、武力が強いと必ず勝てない。木が強いと加えられる。

強大なものは本《もと》におり、柔弱なものは上におる。

三段的論法
第一段「人之生也柔弱」〜「其死也枯槁」（主題） 人と万物の柔弱と堅強。
第二段「故堅強者」〜「木強則共」（解説）
第一節「故堅強者」〜「生之徒」 堅強と柔弱の特質。
第二節「是以兵強則不勝。木強則共」 その例。

第三段「強大処下、柔弱処上」　強大と柔弱の本質。
主題で、柔弱と堅強を規定し、解説で、その特質と例を説明し、結論で、柔弱の本質で結んだ。

評論　本章は問題が多い。「柔脆」の「脆」は、もろいの意ではなく、弱い、軟らかい。「兵」は、王注は「強兵」とあるから、兵力と解するのがよい。「不レ勝タ」は、『老子』の原文は「兵強ケレバ則チ滅ス」であったが、後人の注文である（劉師培《りゅうしばい》）という。王注は「兵力を強くして天下を暴《ぼう》する者は、人の悪《にく》む所であるから、必ず勝つことはできない」といっている。

「木強ケレバ則チ共《くわ》ヘラル」は河上公《かじょうこう》本と同じである。『老子』の原文は「木強ケレバ則チ折ル」であったが、「折」字が闕壊《けっかい》して、右旁の「斤」だけが残った。また上句に「兵強ければ則ち勝たず」とあるのに関連して、誤って「兵」としたもので、「共」字は「兵」字の誤りである（兪樾）といい、さらに「折」を「共」或いは「兵」とするのは皆正しくない。「折」は残欠を以てあやまって「兵」とした。また形が「共」に近いので、誤って「共」にした。『列子』「黄帝篇」、『文子』「道原篇」、『淮南子』「原道篇」に「兵強ケレバ則チ滅ス、木強ケレバ則チ折ル」に拠って訂正した（奚侗《けいとう》）という。

蔣錫昌《しょうしゃくしょう》は、『列子』の「不レ勝タ」を「滅」にし、「兵」を「折」にしたのは賛成できる。「滅」「折」は同韻である。四十二章の王注に「至柔《しじゅう》は折るべからず」とあるのは、この文に拠っていったので、王本が「折」とした証拠であるといっている（『老子校詁』）。したがって本来は「折」であったが、王弼の見た『老子』は既に「共」になっていたので、王注は「物に加えらるるなり」と注したのであろう。

それでは、どうして「共」を「加えられる」と解したのであろうか。『説文』には「共は同なり。廿・廾は凡《すべ》て共の属なり。皆共に従う」とあり、『段注』に、廿を二十人と解し、二十人が皆竦手《しょうしゅ》(手に取る)して拝する形とする。廿は捧げるものの形で、礼器である。礼器を奉じて拱手《きょうしゅ》するので、恭の意となる。しかし加えられる意はない。一方『論語』「為政篇」に「子曰《いわ》く、政《まつりごと》を為《な》すに徳を以てするは、譬《たと》えば北辰《ほくしん》のその所に居て、衆星《しゅうせい》これに共《むか》うが如し」とあって、「共」字を「向かう」と訓じている。或いはこの意から「加えられる」と訳したのかも知れない。この解釈は一般の諸書には全く見あたらない。

万物の生長は無為自然の道の恩恵によってなされるが、天変地異に災いして変化したり、人や動物の有無によって切ったり折ったりされる。この広汎な内容を「折」と断定することは不可能で、「加えられる」としたのではあるまいか。

帛書《はくしょ》の甲・乙本の上句は「兵強《ケレバ》則《チ》不レ勝《タ》」になっており、王弼本及び諸伝本と同じであるが、下句は、甲本は「木強《ケレバ》則《チ》恒《ス》」、乙本は「木強《ケレバ》則《チ》競《フ》」となっている。そこで高明《こうめい》は、厳遵《げんじゅん》・傅《ふ》奕《えき》の諸本のいう「木強《ケレバ》則《チ》共《ヘラル》」は誤りでない。「共」と「恒」「競」は、古音では同じで、「烘《こう》」の仮借で、『爾雅《じが》』「釈言」に「烘《こう》は燎《りょう》なり」とあるという。「燎」は焼く意であるから、王注とは違う。

結論の「強大」を木の本《もと》、柔弱を木の枝としたのも、無為自然の道に順った解釈である。

○ 七十七章　天の道（3）〈万物平等観〉

天の道は、それ猶《な》お弓を張るがごときか。高き者はこれを抑え、下《ひく》き者はこれを挙げ、余り有る者はこれを損し、足らざる者はこれを補う。天の道は、余り有るを損して足らざるを補う。人の道は則《すなわ》ち然《しか》らず。足らざるを損して以て余り有るに奉ず。

孰《たれ》か能《よ》く余り有りて、以て天下に奉ぜん。唯《た》だ有道者のみなり。

是《こ》こを以て聖人は、為《な》すも恃《たの》まず。功成るも処《お》らず。それ賢を見《しめ》すことを欲せず。


天之道ハ、其レ猶ホレ《ゴトキ》張ルガレ弓ヲ与か。高キ者ハ抑ヘレ之《上平支》ヲ、下キ者ハ挙ゲレ之ヲ、有ルレ余リ者ハ損シレ之ヲ、不ルレ足ラ者ハ補フレ之ヲ。

天之道ハ、損シテレ有ルヲレ余リ而補フレ不ルヲレ足ラ。人之道ハ則チ不レ然ラ。損シテレ不ルヲレ足ラ以テ奉ズレ有ルニレ余リ。

孰カ能ク有リテレ余リ、以テ奉ゼンニ天下ニ一。唯ダ有道者ノミナリ。

是ヲ以テ聖人ハ為スモ而不レ恃マ。功成ルモ而不レ処ラ。其レ不レ欲セレ見スコトヲレ賢ヲ。

語釈 有道者＝無為自然の道を体得している人。見＝示す。

全訳 天の道は、弓を張るのと同じようなものだなあ。高いところは抑えつけ、低いところは引き挙げ、余ったところは減らし、足りないところは補う。

天の道は、余ったものを減らし、足りないところを補うが、人の道はそうではない。足りないものを減らして取り上げ、余っているものに差し上げる。

一体誰が有り余って、世の中のために差し出すことができるだろうか。それができるのはただ有徳者だけだ。

そういうわけで聖人は、大きな仕事をしてもそれに頼らず、立派な成果を挙げてもそこにはおらず、賢《さか》しらを示すことを欲しない。

三段的論法

第一段 「天之道」～「不足者補之」（主題） 天の道は弓を張るのと同じようなものである。

第二段 「天之道」～「唯有道者」（解説）

第一節 「天之道」～「損不足以奉有余」 天の道と人の道の違い。

第二節 「孰能有余」～「唯有道者」 有道者のみ可。

第三段 「是以聖人」～「其不欲見賢」（結論） 聖人の行為。

主題で、天の道は弓を張るのと同じようであると規定し、解説で、天の道と人の道との相違、有道者の行為を説明し、結論で、無為自然の道を体得した聖人の行為で結んだ。有道者と聖人は同じ概念である。

評論 天の道を弓を張るのに譬え、「高き者はこれを抑え、下《ひく》き者はこれを挙げ」といっているのは、弦《げん》を張る場合、弓の真ん中の高く曲がっている部分を抑えつけ、反対に両端の低い部分を上げて張ることをいっている。「余り有る者はこれを損し、足らざるはこれを補う」というのは、過不足なく弓を調整する動作をいう。

本章は、老子の「無為自然の道」は、一切平等で、人間万物は皆貴賤の別のないことを力説したもので、福沢諭吉のいう「人の上に人を作らず、人の下に人を作らず」は、この無為自然の道と全く意を同じくする。しかし当時も、現実の人間社会はこうでないことを忿怒《ふんど》した、老子の気概を感じさせる。

○ 七十八章　柔弱の徳(5)〈正言〉

天下に水より柔弱なるは莫《な》し。而《しこう》して堅強を攻むる者は、これに能《よ》く勝《まさ》ること莫《な》し。それを以《もち》うれば、以てこれに易《か》うること無し。

弱の強に勝ち、柔の剛に勝つは、天下知らざること莫《な》きも、能《よ》く行うこと莫《な》し。

是《ここ》を以て聖人は云う。国の垢《あか》を受くる、是《こ》れを社稷《しゃしょく》の主《ぬし》と謂《い》い、国の不祥を受くる、是《こ》れを天下の王と謂う、と。

正言は反するが若《ごと》し。

天下莫柔弱於水。而攻堅強者、莫之能勝。以其無以易之。
弱之勝強、柔之勝剛、天下莫不知、莫能行。
是以聖人云。受国之垢、是謂社稷主、受国不祥、是謂天下王。
正言若反。

語釈 社稷＝土地の神と五穀の神。国家。不祥＝不吉。よくない。

全訳 世の中に水より柔弱なものはない。堅強なものを攻めるのに、水より勝るものはない。水を用いると、どんなものでも代えられない。

弱いものが強いものに勝ち、柔らかいものが剛いものに勝つことは、世の中で知らない者がないが、実行できる者はない。

そういうわけで聖人はいう。国の汚辱を引き受ける者を社稷《しゃしょく》の主《ぬし》といい、国の不幸を引き受ける者を天下の王という。

正しい言葉は反対のように聞こえる。

わかり易い三段的論法

第一段 「天下莫柔弱於水」～「無以易之」（主題） 水の柔弱は何物にも勝る。
第二段 「弱之勝強」～「是謂天下王」（解説）
第一節 「弱之勝強」～「莫能行」 柔弱が剛強に勝つのは知っているが、実行できる者はない。

第二節　「是以聖人云」～「是謂天下王」　聖人の言。

第三段　「正言若反」（結論）　正言は反対に思え。

主題で、水の柔弱は何物にも勝ると規定し、解説で、柔弱と剛強との関係を説明し、聖人の言を挙げ、結論で、水の柔弱のように正言は反対と思えと結んだ。

評論　本章で、最も問題となるのは、本文の「以レフレバ其レヲ、無二シ以テ易レフルコト之ニ一」の訓読である。一般の諸書は、「その以てこれを易《か》うる無きを以てなり」と訓んでいるが、王注は「以は用《もちいる》なり。其《それ》は水を謂《い》うなり」といっていることからすると、「それを以《もち》うれば、以てこれに易《か》うること無し」と訓むべきである。水の柔弱を用いると、水に代わる物はないという意である。

「正言は反するが若《ごと》し」は、「曲がれば則《すなわ》ち全し。枉《ま》がれば則ち直《よろ》し。窪めば則ち盈《み》つ。敝《たお》るれば則ち新たなり」（二十二章）、「柔弱は剛強に勝つ」（三十六章）、「道は常無為《じょうむい》にして、而《しか》も為《な》さざること無し」（三十七章）、「故に物は或いはこれを損して益《ま》し、或いはこれを益《ま》して損す」（四十二章）、「知る者は言わず。言う者は知らず」（五十六章）などは、この類である。

「垢」は、けがれ、よごれ。柔弱な姿勢で、この汚辱を甘んじて受ける人物こそ、無為自然の道の実践者である。だから「正言は反するが若《ごと》し」と、正しい言葉は真実と反対のように聞こえると結んだのである。

○ 七十九章　天の道（4）〈無親〉

大怨《たいえん》を和するも、必ず余怨《よえん》有り。安《いず》くんぞ以て善と為《な》すべけんや。

是《ここ》を以て聖人は、左契《さけい》を執《と》りて、而《しこう》して人に責めず。有徳は契《けい》を司り、無徳は徹《てつ》を司る。

天道は親《しん》無し。常に善人に与《くみ》す。


和大怨、必有余怨。安可以為善。

是以聖人、執左契、而不責於人。有徳司契、無徳司徹。

天道無親。常与善人。

語釈　安＝いずくんぞ…や（どうして…であろうか）。反語。左契＝二分した割符《わりふ》の左半分。契約を書いた木の札を二つに割って、左右一片ずつ、約束した者が持って、後日の証拠とする。手形。徹＝周代の税法。井田《せいでん》法により、十分の一を税として現物を取り立てる。親＝偏愛。えこひいき（依怙贔屓）。

全訳　大きな怨《うら》みを和解させても、必ずしこりが残る。どうして善処したとされよう。
だから聖人は、割符《わりふ》の左半分を握って人に求めない。有徳者は割符を思って人に怨《うら》みを起こさせないで求め、無徳者は税の過ちを攻め立てる。
天の道はえこひいきがない。いつも善人に味方する。

明瞭な三段的論法

第一段「和大怨」～「安可以為善」（主題）大怨は和解させても余怨が残る。
第二段「是以聖人」～「無徳司徹」（解説）
第一節「是以聖人」～「而不責於人」聖人の左契について。
第二節「有徳司契、無徳司徹」有徳者と無徳者の司り方。
第三段「天道無親。常与善人」（結論）天の道は善人に与する。

評論「左契《さけい》」は、手形として用いた割符《わりふ》の左半分で、証文を木の札に書いて二つに割り、左の半分は債権者、右の半分は負債者が持ち、左契を持つ者の請求で、右契を持つ者が手形を合わせて、現物を渡すのである。聖人が「左契を執《と》る」のは、取り持って請求しない意であり、有徳者は怨まれないで求めるが、無徳者は税を取り立てる。天の道は公平であるから、常に善人に与《くみ》しているという。

人間社会で大怨が生じ、和解してもなお余怨が残るのは、この「契」の処理を明らかにしないことから起こるので、道の体得者の聖人や有徳者のような態度をとることが肝要であると、「天道は親《しん》無し。常に善人に与《くみ》す」といったのである。

○ 八十章 平和観〈理想郷〉◎

小国寡民《しょうこくかみん》。

什佰《じゅうはく》の器《うつわ》有れども用いざらしめ、民をして死を重んじて遠くへ徙《うつ》らざらしむ。

舟輿《しゅうよ》有りと雖《いえど》も、これに乗る所無く、甲兵有りと雖も、これを陳《つら》ぬる所無し。

人をして復《ま》た縄を結びてこれを用いしめ、その食を甘しとし、その服を美とし、その居に安んじて、その俗を楽しましむ。

鄰国《りんごく》相望み、雞犬《けいけん》の声相聞こえ、民は老死に至るまで、相往来せず。


小国寡民。

使下メ有二レドモ什佰之器一而不上ラ用ヒ。使三ム民ヲシテ重レンジテ死ヲ而不二ラ遠クヘ徙一ラ。

雖レモ有二リト舟輿一、無レク所レル乗レ之ニ、雖レモ有二リト甲兵一、無レシ所レヌル陳レ之ヲ。

使三メ人ヲシテ復タ結レビテ縄ヲ而用レヒ之ヲ、甘二シトシ其ノ食一ヲ、美二トシ其ノ服一ヲ、安二ンジテ其ノ居一ニ、楽二シマシム其ノ俗一ヲ。

鄰国相望《ミ》、雞犬之声相聞《コエ》、民《ハ》至《ルマデ》老死《ニ》、不相往来《セ》。

語釈 小国寡民＝国が小さく民が少ない。平和観。什佰＝十百。いろいろ多くの。十培と百倍。十倍百倍するほどの器量。または武器。「什」は十、「佰」は百。徙＝移る。音シ。舟輿＝船と車。舟車。甲兵＝よろいと武器。武具と武器。武装した兵士。

全訳 小さい国に少ない民は理想郷。

さまざまな道具があっても、用いるところがないようにさせ、民に体を宝として、生命を大切にし、遠くへ移らないようにさせる。

舟や車があっても、乗るところがなく、武器があっても、並べる所がない。

民にまた縄を結んで用いさせ、食べ物を甘いとし、着物を立派だとし、住居に安んじて、風習を楽しませる。

隣りの国が向こうに見え、鶏や犬の声が聞こえても、民は年老いて死ぬまで、他の国へは往き来しない。

三段的論法

第一段 「小国寡民」（主題） 小国寡民は理想郷。

第二段 「使有什佰之器而不用」～「楽其俗」（解説）

第一節 「使有什佰之器而不用。使民重死而不遠徙」 道具は不必要、生命が大切。

第二節 「雖有舟輿」～「無所陳之」 舟輿・武器は不用。

第三節 「使人復結縄而用之」～「楽其俗」 太古の生活。

第三段 「鄰国相望」～「不相往来」（結論） 理想郷の具現。

主題で、「小国寡民」を規定し、解説で、道具は不必要、生命が大切、舟輿・武器は不要と、太古の生活を説明し、結論で、理想郷の具現で結んだ。

評論　『老子』の本文中、ただこの一章だけが叙事文形式の表記である。しかも三段的論法を以て述べている。一体これはどういうことであろうか。叙事文においても、この形式を取れるという証左ではなかろうか。

「小国寡民」は、中国の古代農村社会の理想的民間生活の情景を述べたものである。しかしその一方、古代公社の形式を保持している。したがってある人は、「老子は、原始社会の回復を企図しながら、この説法は妥当でない、それは国があり、統治があり、なお甲兵があり、さらに甘食、美服ができるので、原始社会の原始社会の現象にふさわしくないというが、老子はただ安定した小農経済を企図しただけで、統治者は民に干渉せず、小農経済を自由に発展させることを求めたので、老子の目的は達成している」と童書業《どうしょぎょう》はいう。

なお、本章を読んでもう一つ問題が生じたのは、この内容がプラトン（前四二七〜前三四六）の「対話篇」（法律篇）とほとんどそっくりであることである。ただ老子の理想社会と違う点は、法律制度以前の原始社会についてである。

老子の生没については異説があって一定していないが、「西紀前五七一年、周の霊王元年、二月十五日生」と明記されている、秦新成《しんしんせい》・劉升元《りゅうしょうげん》著『老子伝』に拠れば、プラトンより一四四年前に生まれたことになる。

この時代に東西の文化交流があったのだろうか。これはどうも肯定し難い。だとすれば、当時の生活環境は、洋の東西を問わず相似ていた原始社会であった事実の表現ではなかろうか。プラトンの法律篇は、岡田正三訳に明示されているが、その概略は『福永老子』に述べられている。
馮友蘭《ふうゆうらん》は、本章を次のように評している。

『老子』の八十章は、彼の理想社会の情況を描写した。表面上から見ると、これは一個の甚だ原始社会のようであるが、実はそうではない。それはその社会の中に、『舟輿《しゅうよ》有りと雖《いえど》も、これに乗る所無く、甲兵有りと雖も、これを陳《つら》ぬる所無し。人をして復《ま》た縄を結びてこれを用い』の語のあることによってわかる。この社会の中には、舟輿がないわけではない、用いるところがないだけである。甲兵がないわけではない、戦争する必要がないだけである。文字がないわけではない、文字を必要としないだけである。だから結縄に復したのである。老子は、これは『至治の極』であるとした。一個の原始社会ではなく、老子の表現方式を用いて、文明を知り、素朴を守ることを説くのは当然である。老子は一般の所謂《いわゆる》文明に対して、彼の理想社会は、為《な》して出来ないのではなく、出来て為さないのであると認めた。ある人はいう。この理解から『老子』の八十章の説く所は、一個の社会ではなく、一種の精神の境地であると。もっともである。これは精神の境地である。老子が要求した所は、この精神の境地に外ならない」と(『中国哲学史新編』)。

馮友蘭のいうように、この八十章は、原始社会を述べたのではなく、精神の境地を述べたものとする見解も、否定されない。

本章は、当時の現実生活に不満の余り、分散している農村生活の基礎に立って、幻想的な桃花源的ユートピア(烏托邦)を表現したものである。この小天地にあって、社会秩序は自然に維持され、民の素朴な本能によって、平穏無事に過ごされた、その古代農村生活の理想化の描写である。中国古代の農村社会は自治自衛の村落の形式であり、交通の不便から、自給自足を求めた。したがって、当時の封建経済生活の反映である、平和郷こそ理想郷であると、老子の心情を吐露したものである。

○ 八十一章　天の道(5)〈利して害せず〉

信言は美ならず。美言は信ならず。

善なる者は弁ぜず。弁ずる者は善ならず。

知る者は博からず。博き者は知らず。

聖人は積まず。既《ことごと》く以て人の為《ため》にして、己《おのれ》は愈《いよ》いよ有り。既《ことごと》く以て人に与えて、己は愈《いよ》いよ多し。

天の道は、利して害せず。聖人の道は、為《な》して争わず。


信言ハ不レ美ナラ。美言ハ不レ信ナラ。

善《ナル》者《ハ》不レ弁《ゼ》。弁《ズル》者《ハ》不レ善《ナラ》。

知《ル》者《ハ》不レ博《カラ》。博《キ》者《ハ》不レ知《ラ》。

聖人《ハ》不レ積《マ》。既《ク》以《テ》為《ニシテ》レ人《ノ》、己《ハ》愈《ミ》有《リ》。既《ク》以《テ》与《ヘテ》レ人《ニ》、己《ハ》愈《ミ》多《シ》。

天之道《ハ》、利《シテ》而不レ害《セ》。聖人之道《ハ》、為《シテ》而不レ争《ハ》。

語釈 信言＝真実味のある言葉。美言＝飾り立てる。善者＝立派な人物。不積＝私のものとしない。既＝ことごとく（尽）。愈有＝いよいよ尊ばれる。愈多＝いよいよ戻って来る。不争＝相傷つけない（王注）。

全訳 真実の言葉には飾りがなく、美しい言葉には真実味がない。

善人はしゃべり立てず、しゃべり立てる者は善人ではない。

本当にわかっている人は物知りではなく、物知りは本当にはわかっていない。

聖人は貯め込まない。何もかも人のためにして、自分はますます尊ばれ、何もかも人に与えて、自分にますます戻って来る。

天の道は、万物に恵みを与えて成長させ、聖人の道は、天の恵みに順って傷つけない。

三段的論法
第一段「信言不美。美言不信」（主題）信言と美言。
第二段「善者不弁」～「已愈多」（解説）
第一節「善者不弁」～「博者不知」善者と弁者、知者と博者。
第二節「聖人不積」～「已愈多」聖人の行為。
第三段「天之道」～「為而不争」（結論）天の道と聖人の道の対応。
主題で、信言と美言を規定し、解説で、善者と弁者、知者と博者を例に挙げ、聖人の行為をいい、結論で、天の道と聖人の道の対応を述べ、不傷の徳で結んだ。

評論 本章で問題とする第一は、「博からず」の王注「極は一に在るなり」である。一は極であることは、三十九章の「昔《はじ》めの一を得たる者は」の王注に、「一は数の始めにして、物の極なり」とあり、また四十二章に「道は一を生ず」とあるによって、既に説明されている。だから「博からず」は数の始めをいうのである。

第二は「積まず」の王注の「唯《た》だ善にこれ与《くみ》す。物に任すのみ」の解である。物に任せるということは、万物の自然に成長するのに任すことである。だから物を私有しない意となる。

第三は、「愈《いよ》いよ有り」の王注の「物の尊ばるるなり」の解である。一般の諸書は、ますます増すとか、ますます持つとかに解しているが、王注は、尊ばれると解している。この方が妥当である。

第四は、「為《な》して争わず」の「為」を、王注は「天の利に順う」と解し、行うとは解していない。

本章は、『老子』全章の締めくくりをいったものであるといわれる向きがあるが、もしそうだとすると、帛書《はくしょ》甲乙本との関係が問題になる。一九六八年（昭和四三年）に発見された帛書には、本章が甲乙本とも、上篇（徳経）に、八十章「小国寡民」と本章は、六十六章「江海の……」の次に置かれている。これからすると、締めくくりの章とはならない。

そこで、さらに疑問が残る。それは、この明和本の三十八章「上徳は徳ならず」が何故下篇の最初にあるかということである。帛書の甲本は漢の高祖時代、西暦前二〇六〜前一九五に、乙本は恵帝の前一九四～前一八〇年に抄写されたものであるとされているから、王注本を作った王弼《おうひつ》（二二六～二四九）とは、約四五〇年の隔たりがある。するとこの間に、三十八章が下篇に変えられたことになる。誰の手によって変えられたか、今のところ解明されていない。韓非（?～前二三三）撰『韓非子』の「解老篇」も「上徳は徳ならず」から始まっている。「解老篇」は現存の『老子』の解釈では最古のものである。

帛書は甲乙本とも徳経・道経となっているが、これを逆に道経・徳経としたのは、『老子』の書を以て「道徳」の書とするためではなかろうか。これは『論語』に対し、意識的に「道徳経」であると認識させるためであったと推測せざるを得ない。

先にこの書は「道徳の意味もある」といったが、これは従来の一般の見解からで、改めて読んでみると、むしろこの感が強く心を突くようになってきた。『老子真経道徳経《ろうししんきょうどうとくきょう》』といわれる所以《ゆえん》もここにあるのではなかろうか。この観点から『王注老子』を解読すると、ますますこの書は人生いかに生きるべきかの指針を与える哲学書であり、道徳経である認識を深くし、王弼の人間性が切実に五体に伝わってくる。

結び

この『老子の新解釈』は老子と共に世界を歩く。いや歩かねばならぬ。老子は「人間はいかに生きるべきか」を、天の道である無為自然の道で、われわれ人間を教え導いた。

私は本書を書き終えた時、一体老子は何のために、関令尹喜《いんき》に乞われて『老子』五千余言を書いて立ち去ったのか、に思いを馳せた。どう考えても名答は出てこなかった。その時、『老子』八十一章を章ごとに、「三段的論法」によって内容を熟視すると、一筋の光明が輝き出した。それは老子の心の奥の奥に、「世界の平和と人類の幸福」への切なる希求が宿されていたことである。古今の老荘学者の一人として、この「世界の平和と人類の幸福」に触れた先学はいない。

そこで私は、八十一章全部を通覧し、この「世界の平和と人類の幸福」は表裏の関係にあって、平和であれば人類に幸福が到来するし、幸福であれば平和であることが判明した。この観点より全八十一章を視ると、驚く勿れ、三十七の章が「世界の平和と人類の幸福」に関して述べられていた。そして八十章の「小国寡民」で「理想郷」(烏托邦、ユートピア)を論じている。

「世界の平和と人類の幸福」は地球上に生存する人類の願望である。しかし悲願なのだ。人類はこの「悲願」に向かって永遠に実現すべき「理想郷」を求めて生きていくところに、真の人間の生き方があるのだ。しかし老子は五千余言を書き残して立ち去り、司馬遷は「其の終うる所を知る莫《な》し」(『史記』「老子韓非列伝」)と、筆を止めている。司馬遷のこの語と『悲願』は相俟って今日に至っている。

老子は紀元前五七一年に生まれたという説からすると、孔子より二十歳年長である。『老子』を書いたのは「七十歳左右」とされているから、孔子が亡くなったのは七十二歳という説からみると、孔子が五十歳のころ老子は尹喜のもとを立ち去ったことになる。『史記本伝』には百六十余歳とも二百余歳ともあり、商(殷)第二十代の王高宗の武丁二年に生まれたという。

それ以来今日まで、二千有五百年、「世界の平和と人類の幸福」が叫ばれながら、「悲願」となっている。これが人間の世界なのだ。しかし世界の人類はこの「悲願」達成の暁を見るまで、生き抜くところに、人間の真の生きる価値があると、『老子』は教えているように思われながら、ここに擱筆する。

終わりに、この『老子の新解釈』は、大修館書店玉木輝一氏の絶大なるご協力と細部に亘るご批正により上梓に至ったことを、深謝申し上げる次第である。

平成十五年三月吉日　　著者 識す

付言

私共夫婦は、今年私が米寿、荆妻は喜寿、この期に本書『老子の新解釈』が江湖に出ることは、

『老子』との縁の深きを覚え、長寿を喜ぶと共に、感謝の念を捧げるものである。

三月二十日〇時十五分、米国のブッシュ大統領は、イラク攻撃の宣戦布告をした。英国は参加し、日本の小泉純一郎首相は支持の姿勢をとった。フランス・ロシア・中国ほか多くの国々は平和的解決の続行を求めている。正しく世界は二つに割れた。老子や司馬遷はどう思うであろう。

馮達甫（民国） 89
馮友蘭（民国） 87,90,158,231
福永光司（日） 6,7,64,70,72,81,
96,128,133,153,164,168,231
『傅奕本』（唐） 21,31,89,133,161,
167,220
福沢諭吉（日） 223
プラトン（ギリシャ） 1,230
『文子』（周） 219
【ま】
孟子（先秦） 114
諸橋轍次（日） 6,7,37,64,70,71,
81,96,146,153,168
【や】
兪越（清） 218,219
姚鼎（清） 189
【ら】
劉師培（清） 219
劉升元（民国） 230
劉邦（前漢） 167
『林希逸本』（宋） 31,161,190
『列子』（戦国） 219
老子〈老耼〉（戦国） 15,26,27,29,
31,38,39,41,43,47,48,49,54,57,
58,61,62,69,71,72,73,76,85,87,
90,92,99,100,112,113,120,122,
129,139,158,161,167,182,198,
200,204,223,230,231,232
『老子校正』〈島注〉（日） 50
『論語』（戦国） 186,208,220

主要人名・書名索引

【あ】
アリストテレス（ギリシャ）　1
宇恵（宇佐美灊水）　iv,7,8,15,47,56,57,60,99,102,104,124,182,198
易順鼎（清）　170
『淮南子』（前漢）　89,121,219
王雲五（民国）　104
『王雲五本』（中国）　133
王弼（魏）（「王注」は除く）　5,6,7,27,37,38,46,47,54,62,71,72,82,88,90,95,96,99,118,120,128,134,137,143,149,153,175,196,202,219,235
【か】
加藤常賢（日）　26
『河上公本』（前漢）　13,26,27,88,89,94,164,172,195,215,219
金谷治（日）　6,7,64,70,72,81,153,168
『韓非子』（戦国）　120,121,167,190,235
魏源（清）　167
許慎（後漢）　37
許冲（後漢）　37
奚侗（民国）　89,161,164,189,193,219
『景竜本』（唐）　39,208
厳遵（民国）　220
厳霊峯（民国）　88,164,190
高延弟（清）161
高亨（民国）　65,122,167,189
孔子（先秦）　29,38,113,200
高明（民国）　129,220
顧懽（五代）　50,51
呉静宇（民国）　64
呉澄（元）　88,90,161,178
【さ】
『爾雅』（秦漢）　220
周敦頤（北宋）　99
『荀子』（戦国）　43
鄭玄（後漢）　177
焦竑（明）　45,124,161
蔣錫昌（民国）　6,8,15,64,65,71,72,146,153,164,170,178,189,208,219
秦新成（民国）　230
薛蕙（明）　31,121
『説文解字』　37,153,202,219
銭鍾書（民国）　89
荘子（戦国）　41
『荘子』（戦国）　31,41,43,113,177
ソクラテス（ギリシャ）　112,113,208
孫鑛（明）　17,213
【た】
『大学』（前漢）　110,167
武内義雄（日）　70,71
『中庸』（前漢）　206
張松如（民国）　99
張岱年（民国）　58,87,88,161
童書業（民国）　230
【な】
任継愈（民国）　70,87
【は】
『帛書』（前漢）　120,129,133,137,161,167,204,208,220,234,235
馬叙倫（民国）　65,164,193
『范応元本』（宋）　31,50,89,122,133,167,170

民の治め難きは、その智多きを以てなり。〔65 章〕

民の死を軽んずるは、その生を求むるの厚きを以て、是を以て死を軽んず。〔75 章〕

足ることを知るの足るは、常に足る。〔46 章〕

足ることを知る者は富み、強《つと》めて行う者は志《こころざし》有り。〔33 章〕

足ることを知れば辱《はずかし》められず、止《とど》まることを知れば殆《あや》うからず。〔44 章〕

智慧出でて大偽有り。〔18 章〕

智を以て国を治むるは国の賊なり。〔65 章〕

智を以て国を治めざるは、国の福なり。〔65 章〕

天下に水より柔弱なるは莫し。〔78 章〕

天下に道有れば、走馬を却《しりぞ》けて以て糞《たづくり》す。〔46 章〕

天下の至柔は、天下の至堅を馳騁《ちてい》す。〔43 章〕

天下の難事は、必ず易きより作《おこ》り、天下の大事は、必ず細より作《おこ》る。〔63 章〕

天下の万物は、有より生じ、有は無より生ず。〔40 章〕

天下を取るは、常に無事を以てす。〔48 章〕

天地すら尚お久しきこと能わず。而《しか》るを況《いわ》んや人に於てをや。〔23 章〕

天地は不仁なり。万物を以て芻狗《すうく》と為す。〔5 章〕

天道は親《しん》無し。常に善人に与《くみ》す。〔79 章〕

天の道は、余り有るを損して足らざるを補う。〔77 章〕

天の道は、利して害せず。〔81 章〕

天は長く地は久し。〔7 章〕

天網恢恢《かいかい》、疎《そ》にして失わず。〔73 章〕

止《とど》まることを知るは殆《あや》うからざる所以《ゆえん》なり。〔32 章〕

【な】

名の名とすべきは常の名に非ず。〔1 章〕

根を深くし柢《てい》を固くす。〔59 章〕

【は】

甚だ愛するは必ず大いに費やし、多く蔵するは必ず厚く亡《うしな》う。〔44 章〕

万物草木の生ずるや柔脆なり。その死するや枯槁《ここう》す。〔76 章〕

万物は、道を尊びて徳を貴ばざること莫し。〔51 章〕

美言は信ならず。〔81 章〕

人の生まるるや柔弱なり。その死するや堅強なり。〔76 章〕

人は地に法《のっと》り、地は天に法り、天は道に法り、道は自然に法る。〔25 章〕

人を殺すの衆《おお》ければ、哀悲を以てこれに泣き、戦い勝てば、喪礼《そうれい》を以てこれに処る。〔31 章〕

飄風《ひょうふう》は朝《あした》を終えず。〔23 章〕

博き者は知らず。〔81 章〕

牝《ひん》は常に静を以て牡《ぼ》に勝つ。〔61 章〕

富貴にして驕るは、自らその咎《とが》めを遺《のこ》す。〔9 章〕

不言の教え、無為の益は、天下これ

主要句索引

【あ】

【か】

【さ】

[著者略歴]

志賀一朗（しが　いちろう）

大正4年（1915）、茨城県北茨城市関本町に生まれる。東京高等師範学校文科第五部を経て、東京文理科大学漢文学科卒業、同研究科修了。元東京都立板橋高等学校長。元国士舘大学文学部教授。財団法人斯文会参与。湯島聖堂朗詠会会長。文学博士。著書『湛甘泉の研究』『湛甘泉と王陽明の関係』（風間書房）『湛甘泉と王陽明の旧跡調査』（東洋書院）『老子真解』（汲古書院）『漢詩の鑑賞と吟詠』（大修館書店）他多数。

老子《ろうし》の新《しん》解釈《かいしゃく》

NDC124　258p　20cm

初版第1刷——2003年5月1日

著者——志賀一朗《しがいちろう》

発行者——鈴木一行

発行所——株式会社大修館書店

〒101-8466 東京都千代田区神田錦町 3-24

電話 03-3295-6231（販売部）03-3294-2221（代表）

振替 00190-7-40504

[出版情報] http://www.taishukan.co.jp

装丁者——井之上聖子

印刷所——壮光舎印刷

製本所——三水舎

ISBN4-469-23229-7　Printed in Japan

漢文名言辞典　鎌田正・米山寅太郎著　本体六四〇〇円

漢詩名句辞典　鎌田正・米山寅太郎著　本体五八〇〇円

論語と孔子の事典　江連隆著　本体五二〇〇円

諸子百家の事典　江連隆著　本体五四〇〇円

史記の事典　青木五郎・中村嘉弘編著　本体七二〇〇円

漢詩の事典　松浦友久編　植木久行・宇野直人・松原明著　本体七六〇〇円

書道故事成語辞典　田中有著　本体四五〇〇円

〈あじあブックス〉**漢詩の鑑賞と吟詠**　志賀一朗著　本体一九〇〇円

社会人のための　**漢詩漢文小百科**　田部井文雄・菅野禮行他編　本体一〇〇〇円

大修館書店（2003年5月）